图书在版编目（CIP）数据

当众讲话你也行／胡成江编著. —北京：中国财富出版社，2016.1

（华夏智库·金牌培训师书系）

ISBN 978－7－5047－5970－2

Ⅰ.①当… Ⅱ.①胡… Ⅲ.①口才学—通俗读物 Ⅳ.①H019－49

中国版本图书馆 CIP 数据核字（2015）第 290390 号

策划编辑 姜莉君		**责任编辑** 姜莉君			
责任印制 方朋远		**责任校对** 饶莉莉		**责任发行** 邢有涛	

出版发行 中国财富出版社		
社　　址 北京市丰台区南四环西路 188 号 5 区 20 楼	**邮政编码** 100070	
电　　话 010－52227568（发行部）	010－52227588 转 307（总编室）	
010－68589540（读者服务部）	010－52227588 转 305（质检部）	
网　　址 http://www.cfpress.com.cn		
经　　销 新华书店		
印　　刷 北京京都六环印刷厂		
书　　号 ISBN 978－7－5047－5970－2/H·0147		
开　　本 710mm×1000mm　1/16	**版　　次** 2016 年 1 月第 1 版	
印　　张 12.25	**印　　次** 2016 年 1 月第 1 次印刷	
字　　数 176 千字	**定　　价** 35.00 元	

前言

千里之行始于足下

当今时代，经济迅猛发展，我国已经成为世界第二大经济体，信息传播速度加快，竞争异常激烈。在新的形势下，社会的各个领域，能说会道、能言善辩、谈笑风生、口出华章的人越来越显示出一种特有的优势。因此，越来越多的人崇尚口才，越来越多的人渴望口才。当众讲话的能力越来越成为成功者必备的素质。在这种背景下，珠海百思口才培训机构应运而生，在这里的每一个人，只要经过一段时间的专业练习，就能克服羞怯心理，让自己敢说话、会说话。珠海百思口才培训机构，让每一个渴望成功的人都看到新的希望。

珠海百思口才培训机构是当代中国最权威、最专业、最具影响力的演讲口才和当众讲话培训机构之一。成立十多年来，学员遍布大江南北，课程体系日趋专业化、规范化和数字化，已经形成了"百思特色"。本书就是根据本机构十多年来的教学经验编辑而成，是经过成千上万学员的实践检验、行之有效的一套训练方法汇编。

俗话说："练武不练功，到头一场空。"我们练习口才，提高当众讲话能力也是一样的道理。本书注重基本功练习，注重打基础，当然也涉及公众讲话的高端部分——"道""法""术"。要想让自己的讲话达到一定的境界和水平，就必须在基本功上狠下功夫。通过练习，让我们的讲话

"形""神"兼备，富有极强的感染力、吸引力和说服力；按照"八言十技"和"三性两化"的标准，把公众讲话发挥到极致，做到在任何场合都敢讲话、有话讲、讲得好。

在阅读本书之前，这里有一段话与大家共勉：

> 竞争的年代，沉默未必是金，出色才有出路。该讲话时就讲话，讲话就要讲得出色；该表现就表现，表现就要表现得出色。
>
> 从现在开始，一定要练就一流的口才，练就一流的公众讲话能力。为了提高讲话能力，第一要摆正心态、克服恐惧、战胜自我；第二要严格按照老师的要求做好大量的练习。
>
> 今天在这里出丑，明天在外才能出彩；今天在这里保全了面子，明天在外就会丢掉面子。为练就一流的口才，加油！

我们所要做的就是把心态放在第一位，想尽快提高讲话能力，就要具备"空杯心态"，这是至关重要的。所以，希望大家带着诚意、带着问题、带着"空杯心态"来阅读本书，这样才能取得好的学习效果。

在以往的教学实践中，最终成为"黑马"的往往不是那些基础好、起点高的学员，而是那些心态积极、目的明确、肯下苦功夫、虚心求教、基础并不是最好的学员。因此，功夫不负有心人。为了让大家尽快练好口才，提高公众讲话能力，下面送给大家五个忠告。

第一个忠告：相信自己一定行

不论我们做任何事情，信心始终是第一位的，一旦大家对于练好口才、练好当众讲话缺乏信心的时候，请大声喊出以下五句话：

第一句："我喜欢我自己！"

第二句："我相信我自己！"

第三句："我热爱我自己！"

　　第四句："我一定行，我很棒！"

　　第五句："我是自然界独一无二的奇迹！"

　　把这五句话一直喊到热血沸腾，喊到自己信心百倍。有了信心，就有了希望。所以，在这里，我们要帮助每一个人，帮助他们树立信心。要知道，很多人一事无成，并不是不努力，也不是不聪明，而往往是做事的时候胆识和信心不足。

　　正如人们常说的："自助者，才有贵人相助，才有老天相助。"自己没有信心，没有勇气不争气，那谁也帮不了你！

第二个忠告：心中常怀"静""净""敬"

　　静——内心平静，内心淡定，聚精会神，全神贯注，专心致志。也就是说，一旦下定练好口才、练好当众讲话的决心，就坚持到底，毫不动摇。切忌精力分散、心神不定、心神散乱、心猿意马。

　　净——内心干净，没有杂念。修学，首先要修掉杂念，修掉私心，而后才能一门心思地学习。如果在学习中杂念太多，就会导致半途而废，功败垂成。

　　敬——在学习中对老师的辛苦付出心存感激，对于书籍上的每一句话非常重视，对其中的观点发自内心地认可。在学习中，态度决定效果。

第三个忠告：扫除学习障碍，首先摆正心态

　　对于人的修习精进之道，儒家经典《大学》中就提出了"格物、致知、诚意、正心、修身、齐家、治国、平天下"的观点。这些思想告诉我们，在学习中，最大的障碍往往来自自己的"无明"。所以，学习时意不够诚，心不够正，就难成大事。其具体表现为以下几点。

　　一是嘴硬，不认账。明明自己不行，还不敢承认，更不愿意面对，这其实是在逃避，是虚荣心作怪。在学习中，我们要学会客观认识自己的不

足，承认自己的不足，勇于面对自己的不足，才能改正自己的不足。

二是偏见与成见。偏见者，对口才有偏见，对作者有偏见，对同学有偏见，对口才在社会上发挥的巨大作用有偏见；同时自我设限，总认为当众讲话是练不出来的。因此，其后果就是导致自己不敢讲、不能讲、不会讲，从而在公众讲话方面很难进步。成者，对于口才的定义、作用、练习方法总是有一套自己的见解，总是用自己的标准来衡量老师、衡量专家。这未免就太主观、太"我执"了。要知道，人外有人，天外有天，一旦这一点不破除，就难以接受任何新事物、新观点。

三是傲慢。表现为过高评价自己，自我感觉良好，看不起人，目中无人，往往对人无礼，架子大。这样的人有哪个老师愿意教呢？

四是自满。古人云："谦受益，满招损。"这种人给人的感觉是无所不知，无所不能。因为太自满了，所以就装不进任何东西了，就算你读了本书，也不可能有什么进步。所以，自满的人难有成就。

五是懒惰和拖延。万恶懒为首，懒惰、拖延和自以为聪明，实为学习的三大敌人。要练好口才，尽快提高当众讲话能力，勤奋、果断、踏实肯努力是必不可少的。

第四个忠告：耐住性子，贵在坚持

大家都知道"万事开头难"，却往往忽视了"万事坚持难"。其实，很多人失败并不是因为不聪明，不是因为不努力，而是因为做事虎头蛇尾，三分钟热度，缺乏耐心。

我国战国时期著名思想家、教育家荀子在《劝学》中说："蚓无爪牙之利，筋骨之强，上食埃土，下饮黄泉，用心一也；蟹六跪而二螯，非蛇鳝之穴无可寄托者，用心躁也。"意思是说，蚯蚓没有锐利的爪子和牙齿，强健的筋骨，却能向上吃到泥土，向下喝到泉水，这是由于它用心专一啊；螃蟹有六条腿，两个蟹钳，但是如果没有蛇、鳝的洞穴它就无处存身，这是因为它用心浮躁啊。

我们练口才，特别是在练习当众讲话基本功阶段，有些枯燥，而且效果不是很明显，就需要大家耐住性子，发扬"水滴石穿，绳锯木断"的精神。

第五个忠告：善于思考，举一反三，不懂就问

学习不但要勤，更要会悟。对于本书中提到的方法和技巧，要好好地领悟其中精髓，实在不行，就问问专家。现在沟通渠道很多，网络很发达，不要总把问题藏在肚子里，一定要做到今天的问题不要过夜。在百思口才培训机构，学习好、进步快的学员大都喜欢向我问问题，勤学好问，善于思考。有了这种善于思考、不懂就问的精神，练好口才就指日可待了。

以上五点，希望大家在学习之前，好好铭记在心，就算是我对大家的忠告。

最后，我再一次祝愿大家：在学习中不断进步，早日练就好口才，练好一流的公众讲话能力，为中华民族之强盛而努力！

胡成江

2015 年 9 月

目录

高 级 篇

第一章　概　论

什么是好口才

相信大家都读过这样一个故事——"盲人摸象"：

从前，有 4 个盲人，从来没有见过大象，不知道大象长什么样，他们就决定去摸摸大象。

第一个人摸到了鼻子，他说："大象像一条弯弯的管子。"

第二个人摸到了尾巴，他说："大象像个细细的绳子。"

第三个人摸到了身体，他说："大象像一堵墙。"

第四个人摸到了腿，他说："大象像一根粗粗的柱子。"

结果这几个人都是以偏概全，没有认识到大象的全部。

"盲人摸象"这则寓言的含义就是：看事情要全面，要整体，不要分割开来。坚信自己的观点和坚持自己的观点固然很重要，但如果能学会听取别人的观点，就能把事情了解得更全面，更准确。

什么是好口才？我相信一百个人会有一百个答案。有的说滔滔不绝、口若悬河是好口才；有的说吐字清晰、字正腔圆是好口才；有的说说两小时不重复一句话是好口才；有的说说得对方哑口无言是好口才；有的说胆子大、敢说就是好口才；有的说好口才是能言善辩、能说会道、口出华章……这些说法对不对，我们姑且不说，好像都有点道理，但又不全对。

从事口才培训十几年，为了不误人子弟，从教育的角度出发，我们首

先简单地从说话本身来研究它，从说话的结果或者影响，谈谈我们对"好口才"的界定。

那么，什么是好口才呢？

提到口才，首先就说说"口"是什么？《辞海》中解释说，"口"是动物进食的地方。这样的解释太肤浅了。

同样，在我们的古圣先贤著作《鬼谷子·捭阖篇》中也有解释："口者，心之门户也。心者，神之主也。志意、喜欲、思虑、智谋，此皆由门户出入。故关之矣捭阖，制之以出入。捭之者，开也，言也，阳也。阖之者，闭也，默也，阴也。阴阳其和，终始其义。"意思是说，口是心灵的门窗，心是精神的主宰。意志情欲、思想和智谋都要由口出入。因此，用开放和封闭法来把守这个关口，以控制出入。所谓"捭之"，就是使之开放、发言、公开；所谓"阖之"，就是使之封闭、缄默、隐匿。阴阳两方相谐调，开放与封闭才能有节度，才能善始善终。

《鬼谷子·捭阖篇》中的这句话就告诉我们，嘴巴会反映一个人的内心，诸如主张、见识、思想、观点、修养等。内心善，则口善；内心恶，则口恶；内心有境界，则说话有境界。嘴巴把握不好，就会致命，一是病从口入，二是祸从口出。吃东西吃太饱了就会不舒服，长此以往会害病。说话不能说得太满，要留有余地，这样结果才好。

说完话结果有两个，一个是福，另一个是祸。那么我问大家，你想要哪个？当然是福。不能给我们带来福的口才，再能讲，声音再好听，再有条理性和概括性，都毫无意义。所以大家记住，在百思口才训练机构跟我学习，首先明确一点：好结果才是好口才。具体来说，好口才具有以下内涵：

首先，解决问题才是好口才。好口才，一种是口才本身好，但不能解决问题，不过是华而不实的卖弄而已；另一种是对方觉得你说的话对他有帮助，有利益。好口才就是能够解决问题，就是能满足对方需求，别人说好，才是真正的好口才。

其次，达成目标才是好口才。我们讲话的目的是什么呢？当然是达成目标。比如，做销售说得对方感动，认可我们，信任我们，愿意跟我们购买，说明我们口才不错；跟客户谈判，最终达到双赢、成交的目标，这就是好口才。再如，小伙子追姑娘，姑娘觉得找到了可以委以终身的伴侣，愿意嫁给你，这就是好口才。

再次，讲该讲的话才是好口才，这一点非常重要。该讲话的时候，我们必须讲话，而且要讲得好；不该讲话的时候，闭紧嘴巴。这就是好口才。在这里，我们来看看下面的例子。

有个人请客，看看时间过了，还有一大半的客人没来。请客的人心里很焦急，便说："怎么搞的，该来的客人还不来？"一些敏感的客人听到了，心想：该来的没来，那我们是不该来的啰！于是悄悄地走了。请客的人一看又走掉好几位客人，越发着急了，便说："怎么这些不该走的客人，反倒走了呢？"剩下的客人一听，又想：走了的是不该走的，那我们这些没走的倒是该走的了！于是又都走了。最后只剩下一个跟主人较亲近的朋友，看到这种尴尬的场面，就劝他说："你说话前应该先考虑一下，否则说错了，就不容易收回来了。"请客的人大叫冤枉，急忙解释说："我并不是叫他们走哇！"朋友听了大为发火，说："不是叫他们走，那就是叫我走了。"说完，头也不回地离开了。

事实说明：我们不能想讲什么讲什么，而应该该讲什么讲什么。

最后，传递智慧的才是好口才。我们说话传递了什么，决定我们的目标是否能够达到。如果我们内涵不够、修养不够，甚至很愚蠢，信口开河、信口雌黄，把自己的愚蠢、无能、低俗都统统传递给对方，结果自然祸从口出。正是由于这个缘故，所以古圣先贤才教导世人"沉默是金"。如果我们内心充满智慧和正能量，内心尽是真善美，并向对方传递的就是智慧，那么结果自然好，"口祸"也会远离我们。

如何练就好口才

对于如何练好口才，人们在认识上存在两个误区：

一是口才是天生的，不是那块料，怎么练也白费。这样的观点真是误人子弟！我们不否认先天的条件会对练好口才有得天独厚的优势，但是先天条件一般的人不代表他练不好口才。在我们的培训班上，真正练得好的，还真不是那些条件最好的学员，而是刻苦勤奋、坚持练习、严格按照老师要求去训练的学员。

二是不需要专业训练，靠自己读一读、练一练就可以了。不要什么事情都亲力亲为，因为我们不是各个方面的专家，我们要学会借力。专人干专事，你自己本身口才就不好，靠自己那点水平，很难奏效。来百思口才训练机构学习的学员相当一部分都是来之前看过书，看过光碟，读过报纸，但收效甚微，最终选择参加专业的学习，结果不到两个月，就已经有很大进步了。

针对上述误区，可以得知：参加专业训练，才是练好口才、提升效果的最佳途径。对此我跟大家提三点建议：

一是选对培训机构。一看成立时间，二看师资力量，三看课程是否专业化，四看学员的口碑。你不妨看看百思口才训练机构，每条都具备，这就是其为何成为行业领导者的原因了。

二是跟对老师。老师的专业、实力、个人著作、在业内的影响力，将直接影响你的学习效果。所以可以用这样一个公式来表示："一流的老师 + 严格的教学管理 = 一流的效果"。

三是坚持到底。不论大家是选择参加专业的培训班，还是自己学习，一定要坚持，不要放弃，否则将前功尽弃。这是练好口才的重要保证。

我们要记住：万事开头难，万事选择难，万事坚持难。克服这三难，还何愁练不好当众讲话呢？

当众讲话的"三字诀"

第二次世界大战时期的英国首相丘吉尔曾经说过这样的话:"一个人能当着多少人讲话,代表他的成就就有多大。"诚如斯言!要成为社会精英,就要练好当众讲话的本领。当众讲话是走向领导岗位的必备素质,要让自己将来出类拔萃,非要下功夫练好这门功夫不可。大家想想看,在公众面前讲话的通常都是什么人?没错,大多是这个社会的精英阶层。

练好当众讲话,涉及的学科、知识有很多。大家在百思口才训练机构学习的好处就在于,你只需要掌握几个字、几个词,并加以应用,当众讲话就会取得立竿见影的效果。

要想学好当众讲话,我们只要掌握了"定、形、神"三字诀,便可以从"菜鸟"变成精英。

所谓"定",就是在公众面前讲话自信从容,心神定,不紧张。这是练好公众讲话的第一关,这一关解决不了,其他都毫无意义。好比定是"1",其他的讲话技巧、内容、方法是"1"后面的"0"。如果没有"1",那么后面的"0"毫无意义,再高的学识也会大打折扣。

所谓"形",就是当众讲话的声音、目光、肢体及仪容仪表。这就好比是一个年轻女子,具备贤惠、勤快、温柔、体贴等很好的内涵,如果外表丑陋而且邋遢,那么什么样的男人也不愿意娶她为妻。反之,一个长相标致、漂亮的女子,哪怕内涵差一点,也会有男人娶她为妻。就当众讲话而言,它是内容与形式的统一。如果形式不好,听众不喜欢,再好的内容也达不到想要的结果。在我们的课程设置中,这也是非常重要的训练内容。

所谓"神",就是当众讲话时讲什么,怎么讲。外在的形式再好也是为我们讲话的内容服务的。好比在婚礼上,司仪、乐队、嘉宾都是围绕新郎新娘服务的,而讲话的语言、结构、技巧,也都是为内容服务的。

　　我们讲什么内容才能打动人、吸引人、说服人，从而轻松达到目标呢？我们怎么讲话听众才能听得进、记得住、有帮助呢？我们怎么讲话听众才能想听、爱听、喜欢听？我们怎么讲话才能让听众认可、信任呢？这都要一系列的技巧和方法作支撑。

　　现在，让我们做好准备，走进当众讲话的课堂吧！

基础篇

第二章　当众讲话的基本功训练

俗话说："练武不练功，到头一场空。"学习当众讲话也是一样，从头开始，狠狠打基础，这样才能走得远，走得高，走得久。那么我们练什么，怎么练才能有效呢？

练自信，练胆量——开眼扬声

请问大家，粮食的"粮食"是什么呢？不同的人会有不同的答案，这里我告诉大家，粮食的粮食是水。没有水就长不出粮食，水是生命之源。当众讲话基本功的"基本功"是什么呢？大家的答案也很多，这里我告诉大家，是自信。

自信好比是"1"，讲话技巧、方法、内容、主题、结构等好比是"0"。如果"1"没有了，立不起来，后面的"0"再多，也毫无意义。只要胆量不足、自信不足，不论你读书再多、成绩再好、职位再高，也会在当众讲话方面败北。

所以，训练当众讲话就是从练自信、练胆量开始的。具体的练习方法我们在后面的章节里会详细介绍。

用气发声——讲得久，不失声

本节的练习适合部分普通话较弱、吐字不清、气力不足、讲话声音一

放大或者时间一长声音就哑的学员；也适合想从事培训、演讲、主持的学员。讲好普通话是练好口才、尽快提高讲话能力的基础，用气发声是关键的关键，请大家务必认真对待。

在十几年的教学生涯中，我发现很多参加百思口才培训的学员中，有两个问题很突出：一是讲不久，声音就沙哑了，声音失真了；二是讲话中总是有几个字讲不清楚。为了解决这些问题，我们特别安排了用气发声练习。

用气发声练习不同于一些教材中的普通话练习，它更加注重气息的练习、声音的练习。这些练习，我们在课堂上安排得比较少，大都安排学员在外练习，比如逛公园走路的时候，上厕所的时候，都是可以练习的。关于具体练习方法，请参照我 2010 年编写的《21 天公众讲话与魅力口才实战教程》第一章的第二节。

朗读练习——声音、目光和肢体三合一

在这里我要特别强调一下，这里讲的朗读练习与我们在学校里所讲的朗读练习是不同的。在学校强调的是一种艺术、一种表演；在这里强调的是把朗读练习作为当众讲话练习的基本功，通过练习达到声音、目光和肢体三合一的能力，让我们的讲话更生动、更形象，说白了就是通过朗读练习来练习当众讲话的"形"。

所谓"形"，即在当众讲话时，让受众用眼睛看得到的、用耳朵听得到的东西，是给人的第一印象，对于我们提升当众讲话能力至关重要。我们说话的时候，传递给对方的并非单单是声音，更包括我们的表情、神态语言、肢体语言，仪容仪表是一个整体。

通过本节练习，主要解决四点问题：一是声音，要求声音洪亮、清晰，不能忽视节奏、轻重音等，做到抑扬顿挫；二是目光，要求掌握目光交流和表情变化的基本要领；三是肢体，要求动作规范，得体大方，潇洒

自如；四是台风，通过朗读练习，养成严谨的台风。

范文朗读一：致开幕词

各位领导、各位来宾：

你们好！今天在这里隆重举行第三届"百思杯"演讲比赛。首先，我代表组委会对各位的光临表示热烈欢迎！

出席今晚比赛现场的领导和嘉宾有：百思口才训练创始人、首席培训导师胡成江老师，珠海演讲协会主席王维先生，作家协会主席陈沛芳女士。

让我们用热烈的掌声欢迎各位领导和嘉宾的光临！

现在，我宣布，第三届"百思杯"演讲比赛开幕！

有请第一位参赛选手林静学友，她演讲的题目是《百思，让我自信面对人生》。掌声有请……

朗读指导 ....

语言庄重而亲切，声音洪亮、有气势，语速中速，节奏轻快。"你们好""热烈欢迎""开幕"属强调重音，应感情充沛，声音具有爆发力。朗读时间在 1 分钟左右（含掌声）。

范文朗读二：婚礼词

各位亲友、各位来宾：

大家好！

阳光明媚，歌声飞扬，欢声笑语，天降吉祥，今天是百思口才机构学员大灰狼先生和格力电器小绵羊女士新婚之日。在这大喜的日子里，我们尊敬的胡老师和各位亲朋好友送来了温暖，送来了友情，送来了吉祥，送来了最美好的祝福。首先我代表东家对诸位嘉宾的光临表示热烈的欢迎！

尊敬的女士们、先生们，你们是友谊和吉祥的使者，你们的光

临，给新婚喜宴增添了光彩。我代表东家对各位嘉宾表示深深的谢意！同时，我也代表各位嘉宾祝新郎新娘相亲相爱，白头偕老，幸福万年！

典礼开始！

一拜天地，让我们在茫茫人海中相聚。

二拜高堂，不忘父母养育恩。

夫妻对拜，夫妻恩爱，百年好合。

好！现在鸣炮奏乐，喜宴开始！请大家开怀畅饮，我提议，为新郎新娘幸福快乐，干杯！

朗读指导

婚礼主持人应目光坚定，表情亲切、自然，声音洪亮、充满喜悦，语速中等、有起伏。"你们好""热烈欢迎""深深的谢意"及祝福词、典礼词、"开始""干杯"都是重音。"相亲相爱，白头偕老，幸福万年"更应由慢及快、由低渐高。"一拜天地""二拜高堂""夫妻对拜""鸣炮奏乐，喜宴开始"要用吟唱的方式，越夸张，练习效果越好！

范文朗读三：新兵军事训练动员会上的讲话

口令：立正→向右看/齐→向前/看→稍息

同志们：

今天/是你们正式参加军事训练的/第一天。首先，我代表全体官兵/对你们加入部队这个大集体/表示/热烈的欢迎！希望你们/能在部队里/锻炼成为/真正的男子汉。虽然/现在是和平年代，但是/摆在你们面前的任务/仍然十分繁重。我请大家牢记，未来作战，重任在肩，唯有苦练，才能/稳操胜券！

同志们，平时多流汗，战时少流血。我们一定要练就过硬的军事技术，为保卫祖国尽到我们的一切力量！大家有没有决心？（有。）

朗读指导 ....

对新兵训练讲话，发言者是军官，声音清晰洪亮、高亢有力，目光威严、坚定，感情充沛，富有自豪感，语气坚毅、果敢，又充满期望，体现出军人的特有气质、阳刚之美。

范文朗读四：欢迎新学员

尊敬的胡老师，亲爱的各位新老学友：

大家好！

长江后浪推前浪，一代新人换旧人。今天我非常高兴能够看到这么多的新面孔，你们的加入为我们百思机构注入了新的活力和新鲜的血液，首先我代表老学员对你们的到来表示热烈的欢迎！

你们给我的印象可以概括为"三高一好"：学习热情高、学历高、水平高，基础好。作为百思口才机构的老学员送给你们三句话：

第一句，选择百思不会错。好环境、好老师、好课程，还有优秀的各位学友是我们练好口才、提高自信的根本保障。

第二句，希望你们摆正心态，克服恐惧，严格按照老师的要求做大量的练习，今天在百思出丑，明天在外面出彩。练习口才没有捷径，只有用百倍的努力和大量的实践才能让我们真正地学有所成。

第三句，希望你们在百思学业有成，练就一流的自信，练就一流的口才。

谢谢大家！

朗读指导 ....

本篇是以老学员的身份对新学员的勉励，朗读时应该真诚，语重心长，充满感情色彩，声音要抑扬顿挫，表情要满含深情，肢体要得体到位。

范文朗读五：欢迎词

各位新同事：

你们好！

非常高兴各位新同事加入百思口才培训机构，和我们一起去创造、完成一个美好而伟大的事业。首先，我代表百思口才机构的全体员工对各位的加盟表示/热烈的欢迎！

同事们，你们是百思机构的未来和希望，大家都知道口才是成功人生的关键因素之一，古今中外，想成就一番事业的人，都非常重视口才。当今时代，经济迅猛发展，竞争日趋激烈，人际交往频繁，信息传播速度加快，在社会的各个领域，能说会道、能言善辩、谈笑风生、口出华章的人越来越显示出一种特有的优势。因此，越来越多的人崇尚口才，越来越多的人渴望口才。由此证明，我们的市场是广阔的，我们的前景是美好的，我们的事业是/辉煌的！

同事们，"海阔凭鱼跃，天高任鸟飞"。只要你有理想有抱负、具备真才实学、认真工作，百思机构就是你大显身手，施展才华，事业腾飞的/理想天地！

谢谢大家！

朗读指导

第一段代表了百思口才培训机构的态度，应把握热烈气氛、高兴的心情；第二段是工作介绍，充满自信、自豪，"我们的市场……辉煌的"一连三个排比句，语速渐快，声音渐高，一气呵成；第三段是殷切期望，情绪高昂的收尾。

注：欢迎词一般是领导发言，既要威严、准确、高亢有力，又要自信、自然、亲和友善，特别要注重节奏。

范文朗读六：竞聘广告公司总经理演说词

各位董事、各位同事：

大家好！我叫王维兵，非常高兴站在这里向大家汇报我的思想，接受各位对我的评价，我对领导和同事给予我的这次自我展示的机会，表示/衷心的感谢！

我来到财富广告公司，至今已有两年多了，从业务员到今天的客户部经理，我的每一步成绩的取得都凝聚着领导的心血、同事们的关爱。之所以有勇气竞聘总经理职务，我认为主要有以下三个方面的理由：

第一，相信公司的明天。公司有着强大的社会关系网，上一次与云南省政府合作的"世博会"项目，充分显示了我们公司的市场应变能力和团队合作精神。我有幸代表我们公司参加了部分招商项目的运作，并取得了第一名的成绩，我对公司、对自己有信心。

第二，我有较好的社会关系，与媒体及客户关系良好。

第三，我有丰富的理论知识和实际工作的经验。我参加过中山大学广告传播MBA（工商管理硕士）课程学习，有着深厚的理论基础和实践经验，对广告行业驾轻就熟。

如果我竞聘成功，我将先从以下三方面开展工作：

第一，在北京设立办事机构，参与中央电视台的一些项目运作。

第二，拓展广告业务渠道，开拓全国市场，走出广州，走向全国。

第三，我做船长，会发挥大副、二副的优势，更知道调动水兵们的积极性；我会建议公司在广州购地，让公司所有员工在明年下半年住进新楼。

以上构想，是我的真实想法，无论竞聘成功与否，我都会积极向上，努力工作。

谢谢大家！

朗读指导

演讲者渴望成功，听众主宰命运。竞聘演说应语气诚恳，声音

当众讲话你也行

自信、洪亮，肢体语言自然大方，目光亲和、从容，充分展现自我优势。

范文朗读七：竞选班长演说词

各位老师，同学们：

大家好！我叫田野，首先非常感激大家给我提供了表现自我的机会。竞选班长对我来说不仅是一个位置，更是一副担子，我愿意接受大家的评价。之所以竞选班长是因为：

一、我曾经有过当班长的经历，既有宝贵的经验，也有深刻的教训。我知道什么样的班长最受欢迎，当班长最忌讳什么，大家的需要就是我的工作目标。

二、我有三颗火一样的心：热心、公心、信心。热心，为大家服务，急大家之所急，想大家之所想，时刻把全班利益放在第一位。公心，做事公平、公开、公正，增强班务透明度。信心，是做事成功的法宝。我对我们班有信心，对自己更有信心！

如果大家相信我，给我一次机会的话，我将全力以赴履行班长职责。我的工作思路概括为"一个中心、两项原则、三个基本点"。

一个中心：以学习为中心，通过"比""学""赶""帮""超"等方法，促进全班同学的学习。

两项原则：一是坚持走群众路线，倾听同学们心声；二是班委会成员严格自律，身先士卒。

三个基本点：一是抓团结；二是抓文化活动；三是抓安全。

同学们，为了将我们班建成一流班集体，请大家助我一"笔"之力，投我一票吧！最后用一句歌词结束今天的演讲，"你选择了我，我选择了你，我们手牵手、心连心，风雨同舟，共创美好未来"。

谢谢大家！

朗读指导

演讲的时候要充满自信，表情庄重，声音洪亮，吐字清晰，注意停顿，要特别注意讲话的节奏不要过快。目光交流的时候要环顾全场，肢体动作大方得体。

范文朗读八：珠海佳登物业有限公司20××年上半年工作总结大会发言稿

各位同事：

大家好！今天是公司成立六周年纪念日，又是公司上半年的总结大会。在今天这个大喜的日子里，首先，我代表公司董事会对各位员工多年来的努力表示衷心的感谢！下面我就公司20××年上半年的工作作一下总结：

第一，按期完成了20××年上半年的工作计划，将珠海市三大住宅小区、五大综合性写字楼管理得井井有条。并且创办了三期面向物业公司经理的业务培训。

第二，效益比20××年同期翻了4番，并且在全国形成了"一流物业公司"品牌。

第三，公司被推选参加"全国优秀物业公司"多功能消防演习大比武活动，是广东地区唯一获准参加的物业公司。

同事们，我们在上半年取得了优异的成绩，成绩的取得与大家的共同努力是分不开的，我代表公司对下列员工进行表彰：物业公司水电三班班长刘进，物业公司治安小组副班长巫峰，物业公司运输车队司机罗锦。对以上三位同志各发奖金一万元。

另外，我们工作中也存在一些问题，如个别治安员监守自盗，严重危害住户财产安全，这个问题，一定要整改！

下面，请副总经理李凤兰同志对下半年工作发言，掌声有请！

朗读指导 ....

领导发言，高亢有力，充满权威性。目光威严又充满赞赏、自豪。朗读数字、嘉奖人员时应伴有肢体动作，加强力度、重音。对于问题整改应斩钉截铁、果断。

范文朗读九：产品展示会上的解说词

各位经理、各位来宾：

大家好！在这里向大家报告一个好消息，"百思美容酒"已经顺利面世了！首先，我代表百思集团全体员工，向支持我公司的各位经理、来宾，表示衷心的感谢！

"百思美容酒"的面世，为真正的酒文化深入保健行业开辟了一条新的途径，为世界寻求美容真谛点燃了一支烛光。

"百思美容酒"以护肤、养颜、治疗、净化为宗旨，以通经活络、活血、祛风毒、生新肌为原理，以严谨的科学态度，结合精确的中医学配方，有延缓衰老，使面部岁月倒流之奇效。

"百思美容酒"展中华民族之光辉，扬中华医学之神圣，振中华文化之雄风，显中华历史之灿烂。相信"百思美容酒"在百思集团和各位的通力合作下将风靡中华大地。希望各位经理在本届糖烟酒交易会上，多多惠顾，放手签单！

让我们携手合作，带给大众更多青春、更多美丽，谢谢大家！

朗读指导 ....

解说词语应保持平稳、亲切、娓娓道来。介绍产品特点时清晰、准确、自信，显示出一种大气。

范文朗读十：答谢词

各位领导、各位嘉宾、各位参赛选手：

大家好！

今天，在这个盛大的演讲邀请赛的发奖仪式上，让我代表获奖选手讲话，我非常荣幸。首先，我代表所有的参赛选手向这次赛会取得圆满成功表示衷心的祝贺！向为我们提供这次展示才华机会的主办单位——百思口才训练机构、南方电视台、《演讲与口才》杂志社，以及全体评委会的同志们表示最衷心的感谢！

这次赛会就要圆满结束了，但这也恰恰正是演讲事业最良好的开端。演讲是一门语言艺术，是一门重要学问。不管过去还是今天，无数的事实说明演讲对于国家、对于社会、对于个人的发展都起着重要的作用。在我国市场经济迅速发展的今天，演讲的作用越来越大，它为我国改革开放的深入发展起到了积极的推动作用。

展现演讲风采，开发口才价值，我们应该再接再厉，振兴演讲事业，为提高国人的讲话能力和文化素质而共同努力，谢谢大家！

朗读指导

答谢词一般由获奖者朗诵，要求心情激动、感情真挚，并应该代表所有选手对活动表示肯定，再接再厉，做出榜样，取得更大成绩。发言应高亢激昂，具有号召力。

范文朗读十一：在圣诞节联欢晚会上的致辞

各位来宾、各位同事：

晚上好！

我们不知不觉走过了20××年，新的一年昂首阔步向我们走来，值此圣诞佳节的美好时刻，我代表公司向各位朋友表示由衷的祝福！

祝大家：一帆风顺二龙图腾三阳开泰四季发财五福临门六六大顺七星高照八方来财九九同心十全十美百事吉祥千事顺利万事如意异（意）想天开！

20××年对公司来说是最关键、最困难的一年，遇到了前所未有的严峻考验，但在大家团结努力下，成为我们发展最快的一年。

这一年我们的拳头产品获得很多顾客的好评，公司品牌已经获得市场认可。

这一年我们开了6家连锁店，为几百位朋友提供了就业机会。这一年我们扩大了总部和培训学校，新朋友的到来为公司注入了活力和生机。

20××年我们所做的工作、所取得的成绩是大家共同奋斗的结果，浸透着大家的辛勤汗水，朋友们用默默无闻、乐于奉献的精神绘就了一道道亮丽的风景线。

朋友们，20××年喜悦伴着泪水，成功伴着艰辛，我们可以自豪地说，我们无愧于20××年。

在我们翘首盼望新年到来的时候，在心底我们充满了一份深切的期待：愿每个刻苦学习、掌握技术、磨炼意志、增长才干、脱颖而出，携手共创我们公司更加美好、辉煌、灿烂的明天。

谢谢大家！

朗读指导

联欢晚会上的致辞都是欢快的、激情的、有活力的，因此，朗读时要求心情激动、感情真挚，充分传递情感，起到鼓舞人心的作用。

通过前面的练习，你讲话的基本功会有很大的提高，要想让自己的讲话更形象、更生动，还要更注重以下内容的练习。

朗诵练习——将真情实感融入到讲话中去

朗诵就是把文字作品转化为有声语言的创作活动。朗，即声音清晰响亮；诵，即背诵。朗诵，就是用清晰、响亮的声音，结合各种语言手段来完善地表达作品思想感情的一种语言艺术。朗诵是练习口才、提高当众讲话能力的重要练习内容。我要强调的是，练习的时候，要进戏，要投入，要注重感情投入，要在形象生动上下功夫，要在当众讲话的时候讲出真情实感，必须好好地进行朗诵练习。

要想让自己的讲话具备感染力，首先，自己要被讲话内容所感染，要120%地投入。就好比演员演戏时要进戏，才能把戏演好。这样才能将讲话内容形象、逼真、绘声绘色地表现给大家。练习朗诵的目的也就在于此，要投入，感情要充沛。

讲故事——让自己讲话形象生动

讲故事、讲评书是练习口才的一个非常重要的方法，人们喜欢听故事，讲故事的人绘声绘色，形象生动，非常具有吸引力。故事里面有对话，对白；有描述，有叙述；有情节和角色的刻画。通过练习，可以让我们的讲话富有感染力和吸引力。

讲故事、讲评书的意义，就在于使我们的讲话更形象、更生动、更注重练"形"——声音、目光、表情和肢体动作。建议大家收集50个故事，天天讲，反复讲，日积月累，表达力会有突飞猛进的进步。

关于本节内容，请大家关注我在2010年编写的《21天公众讲话与魅力口才实战教程》第一章。其中有具体的方法介绍，练习具体内容，大量案例。

第三章　当众讲话紧张怎么办

学员参加百思口才培训机构的当众讲话培训原因很多，但其中最主要的就是讲话的时候紧张。主要体现在三个方面：一是在公众场合讲话的时候会紧张；二是在领导或权威面前讲话的时候会紧张；三是在陌生人或者熟悉的人面前讲话会紧张。从专业的角度我们把这些现象称为"三恐症"。那么，是什么原因让很多人患上这种病症呢？具体表现是什么？如何有效地解决这个问题呢？请大家带着这些问题认真阅读下面内容。

有个故事是这样讲的：

有只狮子很凶猛，很多优秀的角斗士都被它撕得粉碎而丢掉了性命，国王大怒："何人能击败这头狮子？"一个角斗士站出来，说："大王，我来试试。"只见此人飞身跃上角斗场，贴近狮子讲了几句话。而后不到两分钟，只三拳两脚，便把狮子打倒在地。出色的表现获得了国王的重赏。众人不解，问其中的秘密，这人轻轻一笑："其实我就说了一句话，我对狮子说，如果你被我打败了，我就可以赏你美食；如果你把我吃了，那就让你去当众讲话。结果，我赢了。"

可见，连凶猛的狮子都怕当众讲话。这虽是个笑话，但说明了一个道理：当众讲话人人都会紧张，都会恐惧。

为什么很多人当众讲话会很紧张

很多人当众讲话之所以会很紧张，有主观和客观两个方面的原因。

1. 主观方面的原因

（1）紧张是人性使然，人人如此，并非个例

人都有喜、怒、哀、惧、爱、恶、欲七情，这是与生俱来的，谁都不例外，紧张不是个例。世界这么大，是人都会紧张，不仅仅你自己当众讲话紧张，连那些以此为职业的演讲家、专家和知名人士都会紧张。不过有一点很重要，那就是控制紧张的能力不一样。就好比全世界没有哪个人是一点病也没有的一样，问题的关键是，每个人的身体免疫力是不一样的，免疫力强就不容易生病，免疫力弱就会经常生病。同样道理，克服紧张的能力强则可以控制住紧张，克服紧张的能力弱则只能被紧张所控制。

比如中央电视台著名的节目主持人倪萍，全国人民公认的水平超一流的主持人，就是这样一位妇孺皆知、家喻户晓的主持人，在自己的《日子》一书中曾写道，每次主持春晚节目之前一个星期总是吃不好、睡不好、坐卧不安。我们再看一下很多公众人物、知名人士在接受记者提问时，总是表现得局促不安，就连大名鼎鼎的美国总统林肯先生，也承认自己在每次上台时的前几分钟里会很紧张。我国著名的演讲家李燕杰教授说："我年轻时当众讲话经常紧张得脸红心跳，后来经过大量训练和实践后，紧张的程度才大大地降低了，紧张的时间才大大地缩短了。"由此可见，紧张不只是我们自己的"专利"。

当然，世界上也有不会紧张的人，大致分为三类：一是无知者。所谓"无知者无畏"，像婴儿，他什么也不知道，所以就不会害怕，更不会紧张，你把婴儿放到讲台上面对公众，他是不会紧张的。二是死人。这不用说了，人死了只能让活人害怕，死人不知道怕，也就更不会紧张了。三是艺高者。所谓"艺高人胆大，胆大艺更高"。经过专业的训练、大量的实践，成为当众讲话的高手、精英、专家。他们久经沙场，自然不会害怕，至少不会很明显，一般的听众是看不出来的。紧张对这类人来说可以忽略不计。

有人问我，胡老师，你除了在百思口才培训学校教学外，还要经常在外面讲课，你会紧张吗？我反问他，你说呢？他一脸茫然。我说对于当众讲话我已习惯了，三天不在台上讲话都痒痒得慌，这是习惯成自然。

其实，有以下三种经历的人，对于紧张很麻木：一是经历过生与死洗礼的人；二是经历过自然灾害洗礼的人；三是经历过血与火洗礼的人。这些人最大的特点是，心理素质很强，心理承受力很强。有道是艺高人胆大，很多人不了解这个道理，往往以为别人讲话都不紧张，而天底下只有自己讲话紧张实在是丢人。

（2）紧张是因为缺乏历练，不习惯

为什么我们在私底下与人交谈不会紧张，而一到公众面前讲话就会紧张呢？因为自出生那一天我们就在私底下与人交流，早已经成为习惯了。而公众面前讲话呢？由于我国的教育体制，我们从小学到大学，当众讲话的机会多不多？参加工作后身在基层当众讲话的机会多不多？当然不多。有很多学员连台都没登过，能说习惯吗？既然不习惯，心里没底，当然会紧张了。

很多学员问我："老师，为什么我参加学习好几天了，还是会紧张呢？"我告诉他，很简单，练得太少了，等你练习达到一定的量的时候，紧张自然就会消除了。心理学上不是说改变习惯需要 21 次吗？21 这个数字就是一个"量"，当众讲话当然也不例外。

当众讲话与平时讲话的思维方式不同，当众讲话是站着思维，而平时讲话是坐着思维。那么什么是站着思维呢？简单地说就是在众目睽睽下进行即兴思维，边想边讲、边讲边想的方式。它的特点是外在的干扰比较大，需要讲话者镇定自若，不能随便讲话，抗干扰即控制紧张的能力要强。而坐着思维则不涉及这一点，讲好讲坏、水平高低问题不大，也不用顾及那么多。因此，当众讲话大家往往会紧张，而平时讲话则不会紧张。

（3）过分在乎结果

当我们做一件事的时候，如果把结果看得太重，做事的时候就会分神，心理压力就会增加。记得我在大连陆军学院上学的时候，在射击训练的时候，教员跟我们讲，要想打中靶心，目标要看得模糊，准星和缺口的平正关系要看得清清楚楚，大脑不要想任何东西，集中精力于准星和缺口的平正关系上，这样成绩就不错。如果我们当众讲话的时候总是想，结果如何如何，心理压力就会增加，能不紧张吗？一紧张肯定讲不好。

（4）过分在乎听众的评价

有的学员说，在开会发言的时候很紧张，就是因为怕讲错了，影响在领导心目中的印象，从而影响自己的前程。对于听众的评价看得太重，导致心理压力剧增，讲话时就非常紧张。

（5）过分追求完美

有的人从小没吃过苦，没受过累，没有经受过挫折，可谓一帆风顺，在众人眼里非常的优秀。学习成绩一流，工作效率一流，干什么都是上流。当站在众人面前讲话的时候也要求自己必须要讲好。这种追求自我完美的心理，会让自己讲话的时候很紧张。要知道我们生活在一个相对完美的世界，没有十全十美的人，也没有十全十美的事，一个人有优点，就会有缺点。

（6）有过阴暗的经历，心中有阴影，顾虑太多，担心出错被笑话

很多人有自卑心理，源自曾经的打击、生活的环境。凡是从小生活在爱的环境，经常被鼓励的人，大都性格开朗、谈吐不错。反之，从小缺乏鼓励和肯定，缺少爱的氛围的人，大都性格内向，沉默寡言。因此，当站在公众面前讲话的时候，就顾虑重重，总怕被人嘲笑，徒增心理压力。

（7）准备不充分

毛泽东说："不打无准备之仗，不打无把握之仗，每战都应力求有准备，力求在敌我条件对比下有胜利的把握。"当众讲话前准备工作是否到位、认真，往往决定演讲的成败。比如，我每当参加重要的演讲，都会事先对授课对象的人数、年龄、学历、地域等情况进行了解、分析、研究，从而找到授课的兴趣点、厉害点，每次讲课的时候都非常受欢迎。那么，如何进行当众讲话之前的准备工作呢？本书将在后面的章节进行详细的阐述。

2. 客观方面的原因

（1）听众太强势，人数众多

能量是从高向低传播的，不分正负能量，只看哪个能量更强。听众太多，太强势了，传递的能量太强了，让我们无法承受，导致高度紧张。也可以理解为气场，听众的气场太强，自己的气场太弱。

（2）承载外界的期待

请问刘翔为何两届奥运均惨败呢？因为全国人民对他的期望太高了。你看他身后的编号——1356，13 亿人口、56 个民族的期望都压在他身上。重压下，他能集中精力、全神贯注地比赛吗？当然不能，所以他总是接连失利。

我们当众讲话的时候，如果太多的人期待我们必须要拿好成绩的时候，就会增加压力，紧张就会相应地剧增。

（3）现场负面磁场太强烈

事实上，当我们走到众人面前讲话的时候，大都是陌生的，大家的眼神往往表现出来的是怀疑、敌意、顾虑、轻视，甚至不友好等，就会让我们心里非常不爽。总而言之，基本上是负面的，这也会让我们讲话的心理压力剧增。

提示

紧张说到底其实包括两点：一是内心不够强大；二是实力不够强。内心不够强大的原因就是经历风雨不够，经历坎坷不够；实力不够强，原因就是拜师不到，学艺不精，努力不够，功夫不到家。

当众讲话紧张的危害有哪些

当众讲话时，一旦我们不能及时克服紧张心理，就会对我们的讲话构成很大的威胁。具体来说，体现在以下几个方面。

1. 影响我们的正常发挥

紧张会让我们思维钝化，词不达意，无法正常发挥出水平。

百思口才培训机构初级班有个叫欧阳杰的学员，在珠海某事业单位担任中层领导干部，来之前向我诉苦："胡老师，我的学历在单位是比较高的，所以很快就被提拔到管理岗位了，以前总是听领导讲话，现在轮到自己讲话了，力不从心。每次开会发言都很吃力，紧张得受不了。讲起话来，吞吞吐吐，结结巴巴，眼睛不敢看与会人员。有的下属悄悄说，这个新领导素质真差，学历不会是造假的吧，我听了真想跳楼。后来来百思学习后当众讲话的胆识和见识都大大提升了。"可见，这位欧阳杰学友本来可以凭借高学历、高素养，在职场上一帆风顺，可是由于紧张，导致自己无法发挥出实际水平。

2. 降低我们的讲话水准

很多人在演讲时发现自己很紧张、有压力，无法驾驭自己的情绪，本来准备得很充分，上台后却发挥不出真实的水平，下台后又开始后悔。紧张就是心魔作怪，你降不住它，它就会兴妖作怪，大大降低你的讲话水平。即使满腹经纶，也无法展示出来，机会也就会与你擦肩而过。

当众讲话，对于现今社会而言，是一项非常重要的技能，也是每个人都需要具备的一种社交能力。而今，它离人们越来越近，如口头表达、竞职演说等都离不开它。拥有这项良好技能的人，往往更能受到人们欢迎，也更能为自己赢得较多的机会。因而，对于存有当众讲话障碍的人，学习语言表达课程，是一件刻不容缓的事情。

百思口才培训机构的课程设置中，便有针对人们当众讲话紧张现状的课程。这些课程在多年的教学实践中，收获了丰硕的成果，得到了以往学员的普遍推崇和信赖。

这些课程以人们表达能力受限的因素研究为出发点，发现人们的当众

讲话能力不仅受到技巧、讲话材料等外在条件限制，还与讲话人心理紧张、害怕出差错等心理因素有关。因而，课程培训老师以学员的心理压力为出发点，进而贯彻常规的素材准备方法、讲话技巧、情景再现等内容，使学员在内外因素的共同作用下，令自己的当众讲话能力得到大的提升。课程培训老师还在实际教学中，融入酒宴祝词、人物介绍、竞职面试、主持开场、报告说明等不同的场景，使学员能在多个场景的学习和训练中，掌握到不同场景的当众讲话区别与练习，从而使自己能将所学到的东西运用到各种生活场景中，令自己的语言表达更具魅力和感染力，以得到更多的发展机会。

3. 颠覆在听众心目中的形象

不知道多少英年才俊，才华横溢，就是因为不敢、不能、不擅长当众讲话，让自己的前程变得非常灰暗。

在百思口才培训机构有个学员叫李军，来学习前就曾遇到这样尴尬的遭遇：在某领导身边当助理，擅长文案，与上层领导相处不错，群众威信也很好。单位要公开选拔一个主任职位，局长准备让他上。可在竞岗演讲环节，他面红耳赤，浑身发抖，说话不清，吞吞吐吐，7分钟的演讲，不到3分钟就草草讲完了。结果令在场的领导大跌眼镜。李军的机会就这样泡汤了。痛定思痛，最后他下决心来到百思口才学习。

李军通过不到两个月的学习，现在站在台上讲话，自信从容，淡定自如，侃侃而谈了。变化真是令领导和同事们刮目相看。

4. 前程受到影响

一个人想要获得成功，必须具有能够应付一切的好口才。美国著名教育专家戴尔·卡耐基非常强调口才的重要性，他说："假如你的口才好……可以使人家喜欢你，可以结交好的朋友，可以开辟前程，使你获得满意的结果。譬如你是一名律师，你的口才便吸引了一切诉讼的当事人；

你是一位店主，你的口才便帮助你吸引顾客。""有许多人，因为他们善于辞令，因此而擢升了职位……有许多人因此而获得荣誉，获得了厚利。你不要以为这是小节，你的一生，有一大半的影响，是由于说话艺术。"

美国人类行为科学研究者汤姆士指出："说话的能力是成名的捷径。它能使人显赫、鹤立鸡群。能言善辩的人，往往使人尊敬，受人爱戴，得人拥护。它使一个人的才学充分拓展，熠熠生辉，事半功倍，业绩卓著。"他甚至断言："发生在成功人物身上的奇迹，一半是由口才创造的。"

无数成功者的事实也证明，善于说话是成功事业的催化剂。

1983 年元旦，英国女王为多年给首相撒切尔夫人担任顾问的戈登·里斯授予爵位。其主要功绩是：有效地提高了撒切尔夫人的演说能力和应答记者提问的能力；为撒切尔夫人撰写了深得人心的演讲稿……一句话，为英国塑造了一位崭新的"风姿绰约、雍容而不过度华贵、谈吐优雅和待人亲切自然的女首相形象"。由此可见，英国王室和政界对政治家是如何的重视。

在西方资本主义发达国家，当前无不把好口才作为衡量优秀人才的重要尺度，每个公司、企业招聘各类人才，都要进行口试。在日本，一些大公司在招聘人才进行面试时，专门就说话能力规定了若干不予录用的条文。其中有：应聘者声若蚊子者，不予录用；说话没有抑扬顿挫者，不予录用；交谈时不得要领者，不予录用；交谈时不能干脆利落地回答问题者，不予录用；说话无生气者，不予录用；说话颠三倒四、不知所云者，不予录用……日本大公司的这些规定反映了这样一个事实：说话与事业的关系至为密切，它是胜任本职工作重要的条件之一。

知识就是财富，口才就是资本。能说会道，才能正确地领悟上级的意图并恰当地表达出来，一个唯唯诺诺、语无伦次的人定不能胜任自己的工作。通过讲话让领导、同事、群众更深层次地了解你，才能让大家信任你，才有机会被提拔到更高的职位，胜任更重要的任务，才有施展才华、事业成功的机会。用好这种催化剂，事业成功也便指日可待了。

当我们发现那么多的成功人士淡定从容、谈笑风生、侃侃而谈、口出华章的时候，将复杂的事情变得很简单，轻松搞定订单的时候。相比之下，假如你在不同场合、面对不同的听众发言时，如果因紧张怯场，使你心跳加速、呼吸急促、面红耳赤、大脑空白、语无伦次、手足无措、声音发颤、眼神飘移；言之无物、言之无序、言之无理……让领导不满、同事反感、下级不服而苦恼时，不敢当众表达，不善当众表达，不但你的个人能力受到质疑，还为你的升迁空间设置了障碍，将严重影响到你的职业形象、职场前景和职业生涯的发展。

一个在国家机关工作的年富力强的中层领导干部，工作业绩突出，在群众中也很有威信，上级领导准备提拔他，可当众述职却成了拦路虎。述职的日期越临近，他的紧张心理越重。在述职当天，他紧绷的神经再也承受不住，晕倒在述职现场。大好前程就这样被断送了。

在竞争激烈的社会，要展现自己的才能不能只靠埋头苦干，当你与别人干得一样出色，甚至比别人干得还好，而别人善于运用语言在众人面前展示自己，但你不会时，赢得职位、得到提升的机会就很可能被别人抢去。

当众讲话紧张的具体表现有哪些

先给大家举个例子，喜欢喝酒的人不在少数，大家也会经常碰到醉鬼，那么大家心目中的醉鬼是什么样子呢？有的哭，有的笑，有的打，有的闹，有的老老实实睡大觉，而胡老师我呀就属于最后那一种文明型的，喝多了绝对不闹事，所以我在跟学员吃饭时从来不喝酒，唯恐失态。当然，也有人信奉酒后吐真言，可我们经常碰到的是酒后胡说八道的，这样的人比比皆是：小酒儿一喝什么事都敢承诺，牛皮吹破了好几张，酒后你找他，他就装傻充愣，我什么时候跟你说的呀？你说哪天哪天喝酒的时候说的呀，他会说，你这人连酒后的话也信呀，你看他不认账了吧？

　　所以，在这里我要提醒大家，有四种话是不能轻易相信的：一是酒后的话，刚才已经讲过了。二是场面话，场面话往往体现的是一个人的礼节和修养，并不一定是真心话。三是领导自我谦虚的话，比如，领导说："在工作中我们是上下级的关系，在生活中我们就是兄弟，大家可以叫我老王或小王就好了。"你能不能在生活中遇到领导叫他老王或小王呢？当然不能，那些话只不过是人家的客套话而已。你真的要按照去做了，那我建议你先到医院去治疗一下。四是人在迫不得已或者被逼无奈时讲的话。你想呀，被刀架在脖子上有谁能讲真话呢？

　　同样，我们当众讲话时，紧张都有哪些表现呢？其实和酒鬼差不多，可谓千奇百怪，什么样的都有：有的心跳加速，面红耳赤，大脑一片空白；有的哭，一上台就激动得掉眼泪；有的就笑，捂着脸笑，捂着肚子笑，背过身笑。

　　在百思讲课时我就碰到这样一位叫"阿牛哥"的学员，他一上台全场学员先和他一起笑上 3 分钟，之后再练习，后来给他取了个绰号叫"三笑"。

　　除了上述那些表现外，还有的表现为手足无措，手不知放在哪里，一会儿放在前面，一会儿放在后面，一会儿摸鼻子，一会儿抠耳朵，一会儿扶眼镜，一会儿弄头发，一会儿提裤子，总觉得手多余，想找把刀把它剁掉，感觉无地自容，想找个地缝钻进去；有的眼睛要么抬头看天，要么低头看地，要么左顾右盼，就是不敢看听众；有的讲话时声音颤抖，声音小，语速快；有的台下准备得很充分，一上台就忘词，卡壳，思维短路；有的在熟悉的环境讲话不紧张，在陌生的环境很紧张；有的面对熟悉的听众不紧张，面对陌生的听众就很紧张，或面对陌生的听众不紧张，面对熟悉的听众就很紧张，如此等等，不一而足。

　　当你读到这里的时候，你就知道为什么很多人在公众面前讲话时会有一些异常表现了。

紧张会完全消除吗

来百思口才培训机构学习的学员，大都是企业的老板、高管。在当众讲话培训班上问得最多的一个问题，就是紧张如何克服。有一个做服装行业的总经理刘旺军问我："胡老师，我们在百思通过训练后紧张会彻底消除吗？"

我向他解释说，如果有人告诉你紧张可以并且绝对可以彻底消除。那我负责任地告诉你，他在骗你。人只要活着，紧张就不会彻底消除，这是人的七情之一，怎么可能彻底消除呢？但是通过专业的训练和大量的实践，紧张度会大大降低，在很多时候可以忽略不计。但只要环境一变，讲话对象一变，我们就会有适当的心理波动，这是很正常的。

怎样叫讲话不紧张？我给大家定义一下，只要我们在当众讲话的时候做到两点就叫作不紧张：一是自己可以控制；二是听众看不出来。

这位刘总听了，非常认同。相信大家也会有所感悟。

如何解读当众讲话很自信从容，不紧张

我在部队当指导员时，刚刚 26 岁，是我们团里最年轻的政工干部，我们连长身高 185 厘米，年龄大我 10 岁，他酷爱篮球。我呢？身高不够，充其量也就在场上吹个哨当个裁判而已。有一次，我跟连长说："连长，今天咱们两个人来一场篮球比赛如何？"连长笑了笑说："没搞错吧，就你还敢跟我比呀，那你输定了。"我说："那未必，试试看。"连长问："你要输了怎么办？"我说："我输了给你 200 元，若你输了那就给我 200 元。"

现在我问下大家，200 元在 1996 年数额大不大？当然很大了，我当时的月工资不到 400 元。我跟连长讲比赛规则，条件是在篮筐正前方的 3 分线处画一个圈，人站在里面投篮，每个人投 10 次，谁进得多，算谁赢。

连长开始投篮，他只要一投，我就冲着他说"200 块钱"，他只要一投，我就说"200 块钱"，平时连长投 10 次可以进 7 个以上，结果连长只投进 5 个球。他说："你不要总干扰我呀！"我说："你也可以干扰我呀。"我开始投球，我一投，他就说"200 块钱"，我投进一个。我又一投，他又说"200 块钱"，我又投进一个。结果我投中了 6 个，大获全胜。

论能力我远远赶不上连长，可他为什么败给了我呢？说到底就是，心理素质不过硬，能力再强也发挥不好。这说明做任何事情，心理这一关不过硬，个人能力就得不到充分的发挥，特别是当众讲话紧张克服不了水平会大打折扣。

心理学家经研究发现，一个人紧张的层次有 3 种：轻微紧张，即心跳加速 10%；比较紧张，即心跳加速 30%；严重紧张，心跳加速 50%。

1. 轻微紧张

轻微紧张对我们讲话具有促进作用，可以让我们讲话更有感染力，更有激情。比如，在男性主持人的行列里，赵忠祥当之无愧是第一名，但网友评价说，赵老师主持节目很优秀，只是缺乏激情。一次，赵忠祥应邀参加一个大型节目，自己感觉很紧张，心想这次坏了，弄不好又被网民批评了。可令他没想到的是，网友对他的评价很高，这次赵老师主持节目很有进步，很有激情。可见，适当的紧张，会让我们的讲话更精彩。

2. 比较紧张

由于心跳过快，对我们的讲话会有一些负面的影响，往往会使我们思维钝化，讲话水平受到影响。来百思口才培训机构学习的学员大都属于这样一个水平，一来的时候，大脑一片空白，思维钝化。

有一个绰号为"任冰业"的学员，刚刚来的时候，在一家服装公司做技术设计，平时不爱讲话，天天对着电脑，28 岁了还没有谈过恋

爱，是他表哥把他介绍到百思口才培训机构来学习的。

顺便说一下，百思口才培训机构有一个不成文的潜规则，凡是第一次来这里体验课程的人都要做自我介绍，一方面是感受当众讲话的感觉，另一方面是向老师展示自己的基础。

学员们积极踊跃地按顺序上台练习后，我让"任冰业"上台做自我介绍。一个28岁大小伙子，一只手挡住眼睛，一只手拼命地摆手，坚决不上台。我让学员们掌声要热烈，加之现场音乐的氛围，他只好上台。到了台前，两手一背，眼睛看天，说话声音小得都听不见，明明是下午，可他一紧张，竟说出"大家晚上好"，弄得大家哄堂大笑。只见他满脸通红，不知所措。

后来，他表哥果断帮他报了名，通过不到两个月的学习，已经基本解决了紧张问题。

像刚刚这种情况，就属于比较紧张了。大多数刚来百思参加学习的学员就属于这一种。

3. 严重紧张

严重紧张又叫恐惧，处于这种状态下是讲不出话来的。

有个叫陈刚的学员，刚刚毕业的大学生，想找份销售房子的工作。由于没有经验，花了两个月的时间在珠海一家民营房地产公司找到一份实习的机会。3个月下来，业绩一直是零，很懊恼。后来通过百度搜索找到百思。我同样让他做自我介绍，糟糕的表现，让我们终于明白他为何出不了业绩。因为他的紧张恐惧心理太严重了。

当他走到讲台，一个20多岁的大男孩，嘴巴张了张，竟然一句话也讲不出来，而且泪流满面，不住地用手擦泪，眼睛不敢看大家。虽然我们反复鼓励他，但都无济于事。

像这样的表现属于严重紧张，如果不及时处理和解决，下一步就是精神问题了。

当然，后来他也成了我的学生。

面对紧张的问题，我们必须树立这样的观念：怕什么，我就要面对什么、接受什么。逃避解决不了任何问题，反而会把问题搞得更加糟糕。

告诉你鲜为人知的克服紧张的三大神奇方法

相信大家读到这里有些迫不及待了，上面的道理我们很懂，可是具体怎么克服紧张呢。由于紧张对我们当众讲话构成的影响是不言而喻的，问题的关键是如何才能有效克服紧张呢。在这里我给大家介绍 3 种方法：自我暗示法、体操法、实操法。

1. 自我暗示法

这种方法不能单独地起作用，只是在没有办法的情况下，临阵磨枪实属无奈。自我暗示有两种，一种是积极的暗示，另一种是消极的暗示。

积极的暗示可以帮助我们克服紧张，消极的暗示会让我们更加紧张。有些所谓的口才教练在这方面就误人子弟了，有一次，我的一个学生报名前去了解一个口才速成机构。老师在那里就讲，同学们，要克服紧张其实很简单，怎么办呢？上台时候，你就自我暗示：我不紧张，我不紧张，我一点也不紧张，但事实是，你越这样暗示实际越紧张。为什么会这样呢？比如，我现在告诉大家，现在一定不要想红色，不要想红色，一定不要想红色，请问大家现在想什么颜色呀？当然是红色。我们要用积极的暗示来影响自己。比如，我很优秀、我很棒、我一定能讲好，在我们的脑海里全是积极的词汇，紧张就会得到很大的缓解。大家记住，这种方法不能单独起作用，只能是没办法的办法。

有一位中山的学员，在一家工厂的基层干了五六年，老板觉得这

小伙技术过硬，人也不错，决定让他当本部门的主管，让他在适当的时候向全体职工做一个就职演说类的讲话，这一下他可就傻了，从来没有在众人面前讲过话，不知为什么一讲话心跳得厉害，紧张得想钻地缝。后来打听到百思口才培训机构能解决这个问题，便从中山小榄特地赶到珠海来到百思，迫不及待地问我们的工作人员，多长时间能解决紧张问题。我们工作人员告诉他，一般需要一个月左右，最快也需要半个月。他说那太慢了，我要找个快一点的地方。

后来经多方打听，他来到一个由台湾人开的心理咨询室，询问能否在两三天内解决紧张的问题，前台小姐很热情："不用两三天，只需一个小时。"他喜出望外，好吧，就决定在这里学了。怎么收费呢，每小时2000元人民币，为了解决这个问题，也就不在乎这么多了。交完钱跟老师来到教室，老师告诉他，其实紧张就是一个心理问题，你不用怕，我给你一个口诀，说完递给他一张卡片，上面写着：我是大灰狼，你是小绵羊，我不害怕。老师给他做了个示范（声音当然很洪亮）：我是大灰狼——你是小绵羊——之后就这样练，然后，老师回屋喝茶去了。

他在教室里拼命喊这两句口诀。一个小时很快就过去了。老师将本单位的所有员工集合起来，大约有十几个人，老师给他做了个介绍："各位同事，大家好！今天是个好日子，×××同学，通过努力，将要突破自我，找回自信，有请他上场，展示自我，掌声有请。"

他大踏步来到台上："各位朋友，大家好！我是大灰狼，你们是小绵羊，我不害怕。"下面掌声如雷。老师走上前来握住他的手："恭喜你，毕业了。"

他高兴地回到家里面，见到妻子就自我吹嘘："老婆，我讲话不紧张了，明天可以顺利过关了。"老婆给他准备了丰富的晚餐以示庆贺。

第二天，公司全体人员集合在大会议室里，参加会议的有公司高层领导，如董事长、总经理、各部门经理等，由人事部王经理主持会议。首先由总经理致辞，董事会致辞，接着王经理大声宣布公司晋升名单，下面有请生产部新任主管×××登台做就职演说。这老先生心中默念：我是大灰狼，你们是小绵羊；我是大灰狼，你们都是小绵羊……一登台发现全场所有人虎视眈眈地望着他，发现人人都像大灰狼，只有自己像只可怜的小绵羊，大脑一片空白，面红耳赤，一句话也说不出来，两腿发软差一点儿坐在地上。

后来在百思口才报了名，通过半年的学习，现在讲起话来滔滔不绝。

通过上述案例可见，自我暗示的方法是一种克服紧张的辅助方法，不能单独起什么作用。

2. 体操法

体操法就是通过运动或视线转移来缓解紧张的一种方法。这种方法也不能从根本上解决问题，属于没有办法的办法。

常见的体操法有腹式呼吸法、运动法和转移法。

（1）腹式呼吸法

在演讲前，运用腹式呼吸法松弛紧张情绪简便可行。腹式呼吸是让横膈膜上下移动。由于吸气时横膈膜会下降，把脏器挤到下方，因此肚子会膨胀，而非胸部膨胀。为此，吐气时横膈膜将会比平常上升，因而可以进行深度呼吸，吐出较多易停滞在肺底部的二氧化碳。

腹式呼吸可分为顺呼吸和逆呼吸两种。顺呼吸即吸气时轻轻扩张腹肌，在感觉舒服的前提下，尽量吸得越深越好，呼气时再将肌肉收缩；逆呼吸与顺呼吸相反，即吸气时轻轻收缩腹肌，呼气时再将它放松。呼吸在这种方式下会变得轻缓，只占用肺容量的一半左右。做腹式呼吸时，舌尖轻轻顶住上腭。逆呼吸与顺呼吸的细微差别是：呼吸只涉及下腹部肌肉，

即紧靠肚脐下方的耻骨区，吸气时轻轻收缩这一部位的肌肉，呼气时放松。

腹式呼吸的关键是：无论是吸还是呼都要尽量达到"极限"量，即以吸到不能再吸，呼到不能再呼为度；同理，腹部也要相应收缩与胀大到极点，如果每口气直达下丹田则更好。比如采取"4—1—2"腹式呼吸法，即4秒深吸一口气，1秒屏住呼吸，2秒呼气，会有效缓解紧张情绪。

(2) 运动法

运动法，即通过运动来缓解紧张。人之所以紧张，是因为我们把精力都集中在了情绪上，怎样缓解呢？通过运动来缓解紧张的方法有很多。你可以用手掐掐大腿，掐掐屁股，掐掐胳膊，但千万不要掐脖子，否则就要出问题了。如果条件允许可以找个没人的地方，跳一跳、蹦一蹦、跑一跑、喊一喊，都会从一定程度上缓解紧张。

大家都看过拳击比赛，比赛的时候，选手在场上很紧张，中场休息时有人往选手头上倒水，有人按摩，目的在于通过运动来缓解紧张。我们紧张的时候，肌肉往往是很僵硬的，让它做到有张有弛，不妨先到僻静之处（比如洗手间或楼道）做做运动：扩胸、伸展、弯腰、跑步、体前屈等，这样可以让我们的肌肉得到松弛，是利于发挥的。

我在上海一家公司做总经理时，聘用了很多大学生销售人员，但他们见陌生客户很紧张，我就建议他们走进写字楼，先不要忙着见客户，先干什么呢，先找到洗手间，洗洗脸，在没人的时候运动运动，对着镜子说"我很棒""我很优秀""我一定行"。等到自己感觉不太紧张了再去见客户。大家一定注意：在没有人的时候才能这样做，否则让人看到还以为你神经不正常呢。我们总不能在大庭广众之下，"嘿""哈""呀"做这样的动作吧？

(3) 转移法

转移法是一种转移注意力和情绪的方法。所谓转移，是指个体对某个对象的情感、欲望或态度，因某种原因无法向其对象直接表现，而把它转移到一个比较安全、能为大家所接受的对象身上，以减轻自己心理上的焦虑。转移注意力有几种方法，如消遣转移法、繁忙转移法、开阔转移法、欢娱转移法、改变环境转移法、视线转移法等。比如"望梅止渴"，用的就是欢愉转移法，即改变注意焦点。

视线转移法比较常见。你可以试想一下：当你对着一棵植物你会紧张吗？其实如果上台紧张，你可以适当转移自己的视线，不要经常盯着固定的人看。一般紧张就是因为两眼对视，对视时你可以看他们的额头，这样你不用紧张，又不会让别人觉得你没礼貌。

3. 实操法

这种方法是迄今为止最有效的方法。何谓实操法呢？即按正确的方法在公众面前做大量的练习，大量实践，功到自然成，紧张自然会消除。就像大家来百思学习，通过大量登台练习，不到一个月就会有很大的进步。

实操法需要三个要素，一是专家老师专业要过硬，要有足够的实力；二是要有适合自己的练习方案；三是要有练习的平台。这三个要素缺一不可。为什么呢？道理很简单，我们学游泳，不如说是练游泳，再多的技巧和方法不如跳下水去"喝"两口水，时间长了，自然学会了游泳。可见，实践是多么的重要。

所谓实操法，即按照正确的方法做大量练习。那么，具体练习哪些内容呢？下面给大家介绍两种方法：

一是"三最"法，即当众用最大声音、最长一口气、最快速度来讲话。比如下面这两段话，请大家按"三最"法来讲，试试看。

女士们、先生们、亲爱的朋友们：

大家好！当您坐在这个教室的时候，您就和现场的300多位千万富翁成了同学，俗话说，百年修得同船渡，千年修得共枕眠，我们从全国各地来到百思口才培训机构跟胡老师练习口才，我想我们至少也

修了五六十年，因此让我们彼此珍惜、彼此鼓励，共同度过这难忘的美好时光，大家说好不好！

女士们、先生们、亲爱的朋友们：

大家好！在新春佳节到来之际，我代表百思口才培训机构全体工作人员衷心祝愿大家：一帆风顺，二龙图腾，三阳开泰，四季平安，五福临门，六六大顺，七星高照，八方来才，九九同心，十全十美，百事吉祥，千事顺利，万事如意，异想天开！

二是用最大声练习口令、喊口号，就像部队指战员那样，站在众人面前练习口令要求声音一定要洪亮。比如"立正，向右看——齐，向前——看，稍息，敬礼，礼毕"等。

又比如"各位学员，大家好！我是总统，我是猪八戒，我是宇宙王，我是玉皇大帝，我是如来佛祖，我很棒，我很优秀，我一定成功"等。

提示

紧张并不可怕，可怕的是逃避，不敢面对。克服紧张其实很简单，只要听话照做，坚持训练，下一个奇迹就是你！

第四章　当众讲话表达不流畅怎么办

表达力是练出来的。没有哪个人天生就能出口成章，口若悬河，滔滔不绝。

口语表达力是天生的还是后天训练的

不知道多少人因为错误的观念，影响了自己表达力的提升。好多人之所以没法快速提升自己的口才，跟观念有直接关系。

有不少学员刚刚参加我们的课程，问我："老师，口语表达能力是不是天生的呢？口才真能练出来吗？我基础这么差，行吗？"

我向他解释说："很负责任地讲，先天的因素占一定的比例，但很小，关键在于后天训练。再好的基础，没有专业的老师、后天刻苦的训练，也很难有建树。二是靠后天的训练，成长为演讲高手、表达高手、沟通高手的数不胜数，像大家熟悉的毛泽东、周恩来、朱镕基、华盛顿、林肯等，都是经过后天的训练达到的。"

一个人的表达能力，跟先天的基础没有绝对关系，但跟后天的努力、勤奋有很大关系。口才并不是一种天赋，它是靠刻苦训练得来的。古今中外历史上所有口若悬河、能言善辩的演讲家、雄辩家，无一不是靠刻苦训练而获得成功的。

我党早期青年运动领导人、演讲家萧楚女，原是茶馆跑堂，文化

041

低，没口才，靠平时的艰苦训练，练就了非凡的口才。萧楚女在重庆国立第二女子师范教书时，为适应革命的需要，除了认真备课外，他每天天刚亮就跑到学校后面的山上，找一处僻静的地方，把一面镜子挂在树枝上，对着镜子大声讲课。尽管面前没有一个学生，但他一本正经地"自说自话"，说得眉飞色舞，边讲边看镜子，边检查自己的表情、动作。发现有脱漏，立刻翻开课本查看并补讲。结果他的口才大大提高，他的教学水平也很快提高了。1926年，他年方30，就在毛泽东同志主办的广州农民运动讲习所工作，他的演讲至今受到世人的推崇。他那声情并茂的宣传鼓动，震撼了千万青年的心。

我国著名的数学家华罗庚，不仅有超群的数学才华，而且是一位不可多得的辩才。他从小就注意培养自己的口才，学习普通话，他还背了唐诗四五百首，以此来锻炼自己的口舌。

日本前首相田中角荣，少年时曾患有口吃病，但他不被困难所吓倒。为了克服口吃，练就口才，他常常朗诵、慢读课文，为了准确发音，他对着镜子纠正嘴和舌根的部位，严肃认真，一丝不苟。

英国戏剧大师萧伯纳的口才是有口皆碑的。但是，他年轻时胆怯木讷，拜访朋友都不敢敲门，常常"在门口徘徊20多分钟"怯于开口。后来，他鼓起勇气参加了"辩论学会"，不放过一切机会和对手争辩。他练胆量，练习语言，练习机智，千锤百炼成为演讲大师。他的演说，他的妙对，传诵至今。有人问他怎么练习口才的，他这样说："我是以自己学溜冰的办法来做的——我固执地、一味地让自己出丑，直到我习以为常。"

卡特·波恩是资深的美国新闻评论家，在哈佛大学上学时，曾参加一项演讲竞赛。他选择了一则短篇故事，并将这则故事反复背诵，直到烂熟于心。结果到了现场，他刚一开口说"先生们，国王"，之后脑子就一片空白。在绝望之下，不得已，他就只能用自己的话来讲这则故事。结果，他获得了第一名。从这天起，卡特·波恩就不曾读过、背诵过一篇讲稿，而这正是他广传事业取得成功的秘诀所在。

凡斯是世界最大保险公司之一的衡平人寿保险的副总裁。多年前，有人请他到西维吉尼亚州对衡平人寿 2000 余名员工代表进行演讲，因为当时他只花了 2 年时间，就把保险做得相当成功，主办方专门为他安排了 20 分钟时间进行演讲。凡斯非常高兴，认为可以借此提高身价，他就将演讲稿写下来背，对着镜子演练了 40 回，每个词、每个手势、每个表情都恰到好处。他认为自己准备得已经天衣无缝，十分完美了。可是，当他起身演讲时，忽然害怕起来，刚说了一句话，脑中便是白茫茫一片。慌乱之中，他后退了两步，可是脑子里还是一片迷茫；于是他又后退，想再重来，这番表演他共重复了三次。讲台高四尺，宽五尺，后面无栏杆。所以，他第四次朝后退时，便一个后空翻摔下讲台，消失了。听众哄堂大笑，这种滑稽表演，在衡平保险也是空前绝后的。凡斯认为那是他一生当中最丢脸的一次经历，他羞愧难当，并为此写了辞呈。后在其上司的努力劝说下，凡斯撕掉辞呈，重拾自信，再也不背演讲稿了，并且成为了公司中数一数二的演讲高手。

上面介绍的这些名人与伟人刻苦训练口才的故事，为我们今天训练口才树立了光辉的榜样。我们要想练就一口过硬的口才，就必须像他们那样，一丝不苟，刻苦训练，正如华罗庚先生在总结练口才的体会时说的："勤能补拙是良训，一分辛苦一分才。"

为何性格开朗的人表达力相对好些

看看我们周围，什么样的人表达力会好一些？对了，就是性格开朗、外向的人。这些人的特点就是喜欢表达，爱讲话，心中有什么就说什么，

久而久之，表达力自然就会提升。这是什么原因呢？很简单，讲得多了，熟能生巧，习惯成自然，自然就好了。这个方面很多女性就很占优势。有道是"三个女人一台戏"，只要是女人在一起，话就没完没了。

与此相反，性格内向，不爱讲话，不爱表达，从来不开口，跟人在一起时，只能当听众，就像个"木头桩子"，久而久之，该我们讲话的时候，自然就难以应对了。特别是当我们站在众人面前讲话的时候，紧张得发抖，表达词不达意，吞吞吐吐就太自然不过了，这里什么原因呢？原因很简单，开口少，欠练！

当然，表达力差也跟我们成长的环境有关。比如小的时候，生长在一个充满爱和鼓励的氛围中，哪怕我们讲得不好，也会有掌声和喝彩声；反之，如果生长在一个充满怨恨、争吵、打击和嘲笑的氛围中，即使我们再优秀，也难以得到肯定和赞美。

环境决定我们的性格，性格决定我们的表达力。

百思口才训练学校不但会教你如何提升的方法，更为大家提供了一个训练的平台——一个由社会精英群体组成的充满正能量的氛围，不论你表现好坏、水平高低，都会获得掌声和鼓励，特别是专家老师的专业指导，让你在这里不改变都难。

"三招两式"让你的表达力彻底告别"菜鸟"水平

珠海市有一个房地产公司的总经理齐总，广东人。有句话叫"天不怕，地不怕，就怕广东人讲普通话"，事业做大了，讲话的机会就多了，可是蹩脚的表达力让齐总痛苦不堪。后来齐总找到我，说："胡老师，久闻您的大名，您可知道当众讲话有什么好方法？不需要很专业，只要不出丑就行。"后来，我对他进行了专业的测试，发现他的表达基础比较薄弱。其实齐总的个人经历和内涵是很好的，根据这些，我给他制订了一套方案，不到两个月时间，齐总提升很快，他对百思、对我都非常感激。

下面我就把这套方案讲给大家听，特别针对表达基础比较薄弱的人士，希望这些方法，真正能够帮到你，使你快速提升自己的口语表达，彻底告别"菜鸟"水平。

1. "三招"

所谓"三招"，指的是念稿、背稿和脱稿。

表达力指的是边想边讲的能力，进一步讲就是即兴思维的能力。具有即兴思维特点的表达力在念稿、背稿和脱稿讲话过程中有不同的要求。

（1）念稿

念稿，是一种有依托性的讲话，即看着稿件大声念诵，要声音洪亮，表达流畅。在表达力方面的要求，是根据具体情况分别采取慢读和快读的方式。

慢读要求语速慢，但是咬字要准，吐字要清。

例如有这样一段演讲："自信改变命运，口才成就未来，沉默未必是金，好口才才是生产力。学演讲，练口才，就到百思来。"

快读要求语速要快，前提是咬字准，吐字清。比如有一段数来宝《赞百思，谢师恩》。

各位学友，请坐好！我把百思表一表：

口才培训哪最强，百思业界能称王。口才培训哪里找，百思口才是最好。口才培训谁第一，神州大地找百思。口才培训谁领先，咱们百思的课程最尖端。

学演讲，练口才，大家都到百思来。百思口才就这么火，就这么火，火火火火火火。嗷——耶！

请大家听我言，我把百思课程再谈一谈。

想各位，寒窗苦读十几年，社会大学来实践，周围的人，又能说来又能谈，领导面前善辩又能言，好机会统统都往那里钻；看自己，

又老实来又实干，辛辛苦苦把活干，没日没夜地来加班，到头来，荣誉奖励统统靠边站。急急急，着急又有什么用；火火火，上火只能烂眼皮。

好口才，好前程，口才不好怎么行！

学口才，来百思，百思是个好地方。结良师，交益友；练自信，学演讲；会处事，会说话；学做人，敢担当；观念变，心理强；树雄心，立志向；我们的前程从此大变样——大变样。

水有源，树有根，我们一起谢师恩，祝福胡老师桃李满天下，祝百思一天更比一天强！大家说好不好！（好）

学演讲，练口才，大家都到百思来。百思口才就这么火，就这么火，火火火火火火。噢—耶！

数来宝一小段，讲得不好，请您多担待。谢谢！

（2）背稿

背稿，是一种根据记忆来讲话。其具体要求，一是背熟的情况下，来大声朗读；二是声情并茂，形象生动。比如诗朗诵《战胜自我》。

> 激烈竞争的时代，机会就在眼前，
>
> 可我每次当众讲话就犯了难。
>
> 一次次的放弃，失去的是机会，留下的是遗憾。
>
> 不敢说，或说不好，关键是怕丢脸！
>
> 什么才是丢脸？
>
> 出点差错是丢脸，写文章还有修改！
>
> 当众讲话不出差错那是神仙！
>
> 水平不高，讲不好是丢脸。
>
> 孔子说："三人行，必有我师。"
>
> 你说你的高见，我说我的观点。

亲眼看到周围的人一个个脱颖而出。

亲耳听到他人嘴里说出了自己的观点。

只会干，不会说；该讲时，不敢讲。

事业不成功，才是真正的丢脸！

人生就是挑战。放弃完美，克服自卑，战胜自我。

我就是我，不怕他人说三道四，不怕他人评头论足。

今天在百思出丑，明天在外就会出彩。

成功就要勇敢，该开口时就开口，

把当众讲话当作过大年。

行动贵在果断，一流的口才需要名师指点和大量的实践。

当想说又怕说的时候，

先大声喊："我是自然界独一无二的奇迹，我相信我自己！"

再拍拍胸脯大声说："事业有成，实现自我才是真正的体面。

克服恐惧，战胜自我，成功就在眼前！"

（3）脱稿

脱稿，是一种边思考边讲话的能力。其方法主要有问答练习法、看图说话和快讯时评。

所谓问答练习法，就是当别人问你问题，你来回答。比如面试时，经常用这种方法来考察你的思维能力。例如，一个在招聘会上准备招财务与行政人员的面试官问一个应聘者："你认为你的优势在哪些方面？"应聘者回答道："我和其他同学相比不是很活跃，可能最适合我的工作是财务与行政工作，我有信心做好这样的工作。"这个应聘者知道什么工作适合自己，显示了很强的自我意识，人家谈优点，他没有人云亦云，而是坚持原则，这恰恰是财务与行政人员重要的素质之一。

2. "两式"

所谓"两式"，指的是看图说话和时事点评。

（1）看图说话

看图说话，就是根据一幅画面来提炼主题，构思架构，组织语言。来看百思的 Logo（商标）。

百思的Logo

亲爱的各位朋友，下面我来跟大家谈谈，请大家一起跟我走进百思口才。

大家都知道百思口才训练机构是从事"说话"研究推广和培训的专业机构。对口才的研究自然独树一帜，那么什么是口才呢？所谓口才，说白了就是开口和闭口的学问，这里的红色代表开口，蓝色代表的是闭口。那么什么时候开口，什么时候闭口呢？中间这个"S"代表大道。不管我们开口讲话还是闭口不语，都要符合大道。该讲话的时候我们才讲话，不该讲话的时候我们要管住嘴巴，这样讲话的结果才会好。结果好的讲话才是好口才，好口才就是要结果好。

刚刚的讲解，希望带给大家对口才全新的认识，更希望大家早日拥有一流的口才。

大家想想这个看图说话的提炼的主题是什么呢？一是好口才的定义；二是好口才的标准。采用的结构很简单——"提问式的开头＋主体＋希望式结尾。"语言通俗易懂，朗朗上口。

（2）时事点评

时事点评，就是根据当前的焦点话题和热点话题，谈谈自己的看法和观点。比如有这样一段时评：

> 2015 年 3 月 12 日，最高人民法院院长周强向全国人大作《最高人民法院工作报告》，通观全文，最直接的感受是法院的各项工作全部围绕司法公正展开，通过落实各种制度来践行司法公正，努力实现"让人民群众在每一个司法案件中都能感受到公平正义"的要求。采取措施维护司法公正，加强人权保障，确保无罪的人不受刑事法律追究，关系到人民群众的切身利益。首先，要进一步完善相关法律制度，确保在法官断案的过程中能够做到有法可依、有法必依，减少自由裁量。其次，加强司法的公开力度，引入社会监督，促进司法过程更加公开公正，保障人民群众的合法权益。最后，加强对人民群众法治宣传，增强法治意识，培养法治思维，推进社会法治进程。我们身处社会上的每一个人，都希望在日常生活中得到公平公正的对待，这是每个人的合法权益。希望相关部门在维护社会的公平公正方面再下功夫，从多角度下猛药，切实纠正社会上的违法乱纪现象。让遵纪守法之人畅通无阻，让老实人不吃亏。

采用时事点评的训练方法，只要勤练习、大量实践，事实证明是一个非常有效的方法。

"八字诀"告诉你如何练就一流的表达力

2005 年 10 月，我到珠海市检察院为公诉科的学员做培训，有一位科长问我："胡老师，向你请教一个问题，我经常在会议上做发言，事先我都要将所讲的内容写成讲稿的形式，才能发言。可是，我只要眼睛一离开

稿件就讲不了话，不知为什么？"

其实，还有很多学员在实践中也会遇到同样的问题，我们怎样才能做到脱稿后照样能讲话呢？在这里，我就给大家介绍如何提高脱稿讲话的能力。

大家刚参加学习，练讲话是有"依托"的讲话：按稿件大声练习就可以了，就像小孩子刚学步要用学步车。等我们练到一定程度了，该进入"脱稿"讲话的练习阶段了。它体现的是当众即兴思维能力以及丰富的联想能力，说白了就是口语表达能力。

那么，怎样快速提高我们的口语表达能力呢？一个最重要的观念就是要善于表现自己，只要有机会就要表现自己。因此，强烈的表现欲是练好讲话的关键因素。

我很小的时候，就喜欢给小朋友们讲故事，大家越喜欢，我就越爱讲，等到了上学时，表演、朗诵、主持样样都少不了我。只要有机会我就表现自己，时间长了，我的口语表达能力越来越强。我还没脱军装那个时候，一次参加抗洪抢险，休息之余，群众要为人民子弟兵献上几个节目，其中有一个小女孩给我们留下了深刻的印象。她在台上表演时非常非常的投入，动情的时候眼泪一双一对地往下流，全场无不为之动容。她表演完了接着表演，劝都劝不下去。她的表现欲如此之强，表达能力能不好吗？不知大家发现没有，越喜欢讲话、喜欢表现自己的人表达能力越强；越不喜欢讲话、不喜欢表达自己的人表达能力越弱。

怎么练习才最有效？下面，我就给大家介绍几种经过实践证明非常管用的练习方法，包括复述、表述、口述、辩论，可称之为"八字诀"。

1. 复述，即读什么，讲什么；听什么，讲什么

通过报纸、杂志、网络或书籍等收集一些故事、新闻等，或者听到别人讲的故事或新闻等，而后用自己的语言来讲给大家听，叫作复述。

这一点女学员大多比较擅长。有一个总经理要准备开发北京市场，让

手下几名主管谈谈如何做宣传。张经理说："在各大媒体做广告，像报纸、户外广告都可以做。"王经理接着说："我看在网络上做广告效果比较好。"李经理最后说："我看这件事，只要跟我老婆一说什么都解决了。"可见，女性是喜欢传播的，也喜欢与人分享的。

比如，大家听了胡老师的课程，其中会有很多故事或者幽默，大家都可以与人分享。时间一长，表达能力就会有长足的进步。

复述水平的高低取决于与原稿的吻合程度。如果你讲的比原来的情节更生动，那说明你复述这一关就过了。

2. 表述，即看什么，说什么

根据画面来讲话，要遵循一定的结构。换句话说，相当于新闻六要素：时间、地点、人物、事件、事件起因、事件进展情况。表述的具体要求是根据眼前的画面，使用生动、形象、准确和精练的语言来描述出来，给听众身临其境的感觉。在这里，我先来解读一下 4W 结构。

4W 结构中的"W"，即外貌、外表、外向、外交这 4 个词的第一个字"外"的汉语拼音声母。点燃你的气场、助力你的内心世界，由外向内打造你的气场，需要遵循 4W 结构。

（1）外貌

外貌，就是热爱自己的样子。一个人的容貌如何对我们是否能够活得更好不是最重要的，但这不意味着我们可以轻视自己的外貌对于气场的影响。这里提醒大家，重视外貌不是去浓妆艳抹，甚至整容扮美，而是要"热爱自己的样子"。不管我们是否符合社会意义上的美貌标准，我们都要热爱自己的样子，因为我们是独一无二的，这就是老天赐予我们的第一份礼物。如果你不能享受这份礼物，自信又从何而来？貌不惊人没关系，打心眼里喜欢这个与众不同的自己，反而能让我们的气场大得惊人。自信的男女都是最美的。

（2）外表

外表，就是让脸庞穿上微笑的衣裳。外表和外貌的区别是，外表体现着你的审美取向和水平。你要自己挑选标准，并融合自己的特点打造最佳的审美特色，这才是属于你的外表。当然，有一种装饰对任何人都适合，那就是微笑。当你不知道如何完善自己的外表的时候，为自己的脸庞"穿上"微笑的衣裳永远不会有错。

（3）外向

外向，就是让别人为你的目标而行动。外向不是叽叽喳喳、滔滔不绝的话痨，而是主动积极的态度，放弃坐等成功的懒惰，主动出击，寻找目标，并为此付出努力。更多时候，生活是需要冒险的，既定的方向已经有很多人走，想独辟蹊径就需要勇气、需要探索。对于新鲜事物，对于成功有很强烈的渴望，而不是随波逐流、"做一天和尚撞一天钟"，这才是所谓外向可能塑造出的强大气场。当你能如此积极地去追求成功，身边的人就会被你的气场所感染、带动，主动为你提供帮助。气场就是这样强大，它会让别人为你的目标而行动。

（4）外交

外交，就是影响和改变他人。外交并不仅限于政治，人与人交往，本身就是一桩独特的"政治"。这并不是鼓励人们去建立"看人下菜"的为人处世原则，而是要一改"我想说什么就说什么，你想听什么跟我没关系"的沟通弊病。我们表达的最终目的是让对方明白、接受，甚至信服，那就必须要善于观察和总结不同人的不同接受方式。一个个性安静的人肯定受不了别人的滔滔不绝，而一个易怒暴躁的人肯定更喜欢别人在沟通方式与语气中看起来更为"顺从"与温和。

遵循4W结构，便可让我们的气场变得既无形又有形，从而影响甚至改变这些事物，这个神秘而迷人的魅力磁场，就是超级气场。在百思教室里，大家上课的气场就是遵循4W结构的结果。

20××年×月×日晚8时30分，在百思教室有几十位学员正在全神贯注、聚精会神地聆听胡老师讲课。有的在记录，有的边听边思考，有的在点头，有的在微笑……全场的学习气氛非常浓厚。

我建议大家养成随时随地看什么、说什么的好习惯。这样既能练习表达能力又能练习思维能力。

3. 口述，即想什么，说什么

说话不打草稿，想什么就能说什么，把心中所想的东西准确地表达出来，根据一件事、一个现象、一个热点人物等来谈谈自己的观点、看法、主张。

> 某公务员竞聘某室主任的时候，主考官这样问他："作为领导干部，你觉得应该如何管好自己的嘴巴？"
>
> 这位公务员曾经在百思学习过 3 个多月，进行这样的答辩自然不在话下。他说："首先，非常感谢主考官的提问。（这是个'暖语'，该问题对领导干部很具有针对性）我的理解有两层意思，嘴巴的功能一个是说话，另一个是吃饭。我先讲'说话'。领导干部应该讲该讲的话。不利于团结的话不能讲；不利于稳定的话不能讲；不利于发展的话不能讲；不利于组织形象的话不能讲；不懂的事情不乱讲；暂时没搞清原因的问题不乱发表意见。其次，再说说'吃饭'。俗话说，'吃人家的嘴短，拿人家的手短'。所以，领导干部应廉洁自律，不接受人家请吃饭，'拒腐蚀，永不沾'。"

大家在情况许可的情况下，可以经常进行类似的练习。

4. 辩论，即用一定的理由来说明自己对事物或问题的见解，以便最后得到正确的认识或共同的意见

有学员问我："胡老师，有没有更好、更快的方法来提高口才呢？"我告诉他："当然是有的。你找一个口才好的人跟他辩论，不论胜败输赢，

你的表达能力都会有所提高。没事的时候，你还可以去和摆地摊的、卖菜的讨价还价，讲不下价来誓不罢休。"

大家不要小瞧这些摆地摊和卖菜的，他们当中有的口才是很好的。著名主持人崔永元对此深有体会。

一次崔永元去菜市场买菜，摊主一看名人来了，就把菜价上涨了两元多。小崔的口才按理说是很棒的，于是和摊主讨价："阿姨，刚才我看你卖给别人两块五毛钱，怎么卖给我就五块钱呢？市场上应该一视同仁才对。"

再看这位摊主，她故意提高嗓门，大声说道："小崔呀，你可是名人，名主持人，又年轻又帅气，一件衣服几千块够我们小老百姓干半年了。几块钱你还和阿姨讲呀。"边说边把称好的菜往小崔的怀里塞。

小崔无奈只好买了。卖菜的小贩运用讲话的技巧不可谓不高，崔永元只能甘拜下风了。

辩论在生活中与人交往时当然不提倡，但用辩论的方法练习口才却是一个不错的方法，而且效果很明显。下面我就以辩论赛为例，给大家介绍一下辩论的程序。

首先是"起"，即下定义，明确立场或观点。

比如："老少配幸福吗？"我的观点是"老少配不幸福"，或我的观点是"老少配幸福"。

再比如："户籍制度应不应该取消？"我的观点是"户籍制度应该取消"，或我的观点是"户籍制度不应该取消"。

还比如："当今社会，家务活应该由女人做还是男人做？"我的观点是"家务活应该由女人做"，或我的观点是"家务活应该由男人做"。

以上这些就是"起"。当然，明确自己的观点不可模棱两可。

其次是承，即找事例或理论来佐证自己的观点。

我继续以上面的话题为例："老少配幸福吗？"

立论一，我的观点是"老少配不幸福"。这是因为，其一，这种婚姻大都动机不纯，往往是一个图财，一个图色。一旦这两种因素不存在了，那么这种婚姻往往也该结束了。其二，这种婚姻由于年龄的差距大，来自各方面的压力也很大，生活上也有诸多不便。很多小女孩子根本不敢带着自己的老公去见家人。因为她的老公比她的老爸还大。我在上海一家企业做老总的时候，我们老董 45 岁，娶了一个小他 22 岁的女孩子。有一次，我们一起回他的老家山东临沂，我亲耳听到他管一个比他还小 1 岁的先生叫"爸爸"。你们说说，别不别扭呀？其三，生活不和谐，永远逾越不了的代沟。中国有句古话："老夫少妻，红杏出墙。"年龄的差距，两个人对"性"的需求不同。少的一方往往因为得不到满足，而到外面寻找满足，请问这样的婚姻能幸福吗？

立论二，我的观点是"老少配幸福"。这是因为，其一，资源的优化组合利于家庭稳定。年老的一方往往有车有房，经济实力雄厚，年少的一方青春美貌，两人可以优势互补。其二，年纪大的男人很成熟，懂得宽容，不会因为幼稚和任性与对方吵架。其三，男人因得到满足不会有婚外恋。

起承之后就是转，即一对一的自由辩论。

最后是"合"，即进行总结。

以上面的辩题为例子。综上所述，"老少配是幸福的"或"老少配是不幸福的"。

以上向大家介绍了练习口语表达能力的 4 种方法，希望大家多用多练。

第五章　当众讲话平淡，缺乏感染力怎么办

何谓"开眼扬声"

　　对于当众讲话课程中的专业名词"开眼扬声"，大家一看就很陌生，那么，什么是"开眼扬声"呢？

　　"开眼"就是当众讲话的时候，要求演讲者和听众做充分的目光交流，这就是我在指导大家练习时反复强调的"注意目光交流要到位"的原因。

　　一方面，"开眼"体现了"人性"，从听众的角度他希望得到演讲者的关注，从而达到双方"同流"。比如，一上台，我要求大家和听众要做目光交流，听众看你，你看听众，听众鼓掌，你鼓掌，听众微笑，你也跟着微笑。目的很明确，一出场就要给大家留下友善、和蔼、平易近人、没架子、易接近的好印象，为下一步顺利演讲打下基础。

　　另一方面，"开眼"体现的是"专业"，专业的目光交流要让所有的听众感受到来自你的热情和关注，要让你的讲话受欢迎并富有感染力，这是很重要的一点，但并非你必须要看每个人。这一点我将在后面的课程里给大家做详细的讲解。

　　"扬声"就是当众讲话时，声音要放得开，主要体现在声音的洪亮度上，因此我让学员在练习的时候，要把声音放大，放大，再放大。那么，大家说，是不是在任何场合我们都要这么大声讲话呢？答案是不一定，应该根据场合和人数而定。我们练习的时候要放大，好比我们在外面推动一辆小车需要6分力气，那么我们练习的时候要练几分呢？当然练习10分力甚至 12 分力。这样做的目的一方面是克服心理障碍，另一方面是让大家的讲话更有感染力。

大声讲话是当众讲话具备感染力的前提和基础。比如，我们练习"刘三姐""磨剪子，戗菜刀"，目的不是把大家练成小摊和小贩，而是旨在通过"扬声"来提高学员的"胆量"，从而克服紧张，战胜自我。

如何解读当众讲话平淡

2014 年 10 月，一位神秘人物来到百思口才训练机构参加学习，很有派头，带了一个司机和一个秘书，后来才知道是一位珠海海关的领导，当场把我们的招生助理问得哑口无言。

招生助理问他："请问您讲话会紧张吗？"

海关领导答："我做领导干部 20 年了，讲话场合、机会很多，你说会紧张吗？"

问："您讲话是概括性和条理性缺乏吗？"

答："你觉得会吗？"

问：……

海关领导见状，一摆手说："我想跟你们老师沟通一下。"

助理把情况讲给我听，我让他直接进教室参加体验。我让这位先生做了自我介绍。这是按照惯例进行基本诊断。

他说："老师你就直接说，我到底什么问题？"

我觉得他很率直，说："你讲话的自信、内涵、条理性和主题都不错，但是你讲话的感染力不够，太平淡。如果我没说错的话，你平时讲话的时候下面人睡觉的比较多，是吗？"

这位先生眼睛一亮："老师你真是太神了。我不知道为什么，我开会的时候，下面睡觉的人多，氛围很压抑，我很无奈。"

于是，我为他分析了原因，并指出改进方案。后来，这位先生参加我给他量身定做的训练方案——总裁个性化辅导方案定制，当然也成了我得意的学生之一。

什么叫平淡呢？一是从声音层面讲，从头到尾一个调，一个节奏，没有抑扬顿挫，高低起伏，听起来很乏味。二是从目光层面讲，目光没有和听众进行充分的交流，有的总是看一个地方，一个方向，表情不丰富，一个脸谱讲到尾。三是从肢体动作层面讲，肢体动作单一，或者从头到尾没有肢体动作。

以上三点都叫讲话平淡。平淡的讲话往往让听众听不进去，昏昏欲睡，讲话效果大打折扣。像刚才那位先生，说话的时候以上三点几乎都占了，所以很平淡，下面的听众能不睡觉吗？

如何解决当众讲话时语速太快的问题

据权威部门统计，人在说话的时候，90%以上的人语速是偏快的。在百思口才培训机构的培训现场，大家会经常听到我们的助教在辅导大家练习的时候，说得频率很高的一句话是："请您讲话再慢一点，太快了。"那么，如何解决讲话语速太快的问题呢？

讲话很快的人有什么特点？对，大都性子很急。讲话快的根本原因是性情急躁。所以，要想把讲话语速降下来，最根本的方法是修炼自己的脾气秉性。但是，一个性子很急的人通过修炼，慢慢变成一个性子柔和、心平气和、稳稳当当的人，短时间内可不可以完成？当然不能，这就好比是中医治病，需要慢慢的一个过程。

那么，有没有更好的方法在最短的时间内解决呢？有。下面的方法，可以帮助你有效地解决语速太快的问题。

1. 强制让自己讲话速度"慢"下来

讲话的时候，字与字之间的时间停顿，保留你现在的状况，但是短语和短语之间、词组和词组之间的时间停顿，要强制自己慢下来。

大声朗读下面的范文。特别注意，斜线部分的地方要停顿。

范文：发布好消息

各位学友：

　　大家/好！今天/我要告诉大家一个/好消息，我们百思口才培训机构/被省委市政府/评为最有影响力的教育品牌之一，对此，我代表全体学员/向胡成江老师表示/衷心的祝贺！

朗读指导 ....

　　发布好消息应该抱着喜悦的心情，并将这种心情传递出去，给听众带来同样的惊喜。

2. 刻意让自己的讲话"柔"下来

柔可以克刚，可以化急躁为温和，给听众以美好的印象。下面推荐的两篇范文，就应该以"柔"的语调来读，这样才能体现出作品的思想内涵。

推荐范文一：苏联著名作家高尔基的名篇《海燕》（本文选录在百思口才培训学校的官方教程《21 天公众讲话与魅力口才实战教程》）

　　在苍茫的大海上，狂风卷集着乌云。在乌云和大海之间，海燕像黑色的闪电，在高傲地飞翔。

　　一会儿翅膀碰着波浪，一会儿箭一般地直冲向乌云，它叫喊着，——就在这鸟儿勇敢的叫喊声里，乌云听出了欢乐。

　　在这叫喊声里——充满着对暴风雨的渴望！在这叫喊声里，乌云

听出了愤怒的力量、热情的火焰和胜利的信心。

海鸥在暴风雨来临之前呻吟着，——呻吟着，它们在大海上飞窜，想把自己对暴风雨的恐惧，掩藏到大海深处。

海鸭也在呻吟着，——它们这些海鸭啊，享受不了生活的战斗的欢乐：轰隆隆的雷声就把它们吓坏了。

蠢笨的企鹅，胆怯地把肥胖的身体躲藏到悬崖底下……只有那高傲的海燕，勇敢地，自由自在地，在泛起白沫的大海上飞翔！

乌云越来越暗，越来越低，向海面直压下来，而波浪一边歌唱，一边冲向高空，去迎接那雷声。

雷声轰响。波浪在愤怒的飞沫中呼叫，跟狂风争鸣。看吧，狂风紧紧抱起一层层巨浪，恶狠狠地把它们甩到悬崖上，把这些大块的翡翠摔成尘雾和碎末。

海燕叫喊着，飞翔着，像黑色的闪电，箭一般地穿过乌云，翅膀掠起波浪的飞沫。

看吧，它飞舞着，像个精灵，——高傲的、黑色的暴风雨的精灵，——它在大笑，它又在号叫……它笑那些乌云，它因为欢乐而号叫！

这个敏感的精灵，——它从雷声的震怒里，早就听出了困乏，它深信，乌云遮不住太阳，——是的，遮不住的！

狂风吼叫……雷声轰响……

一堆堆乌云，像黑色的火焰，在无底的大海上燃烧。大海抓住闪电的箭光，把它们熄灭在自己的深渊里。这些闪电的影子，活像一条条火蛇，在大海里蜿蜒游动，一晃就消失了。

——暴风雨！暴风雨就要来啦！

这是勇敢的海燕，在怒吼的大海上，在闪电中间，高傲地飞翔；这是胜利的预言家在叫喊：

——让暴风雨来得更猛烈些吧！

朗读指导

《海燕》展现了三幅画面，象征着三种越来越激烈的革命风暴的状态；海燕在这些典型环境中，形象逐步完整、鲜明起来。第一幅，风卷云集，海燕高翔，突现海燕英勇无畏，对暴风雨的渴望；第二幅，暴风雨迫近，海燕搏风击浪，突现它的欢乐心情和胜利信心；第三幅，暴风雨将临，海燕以胜利的预言家的姿态呼唤暴风雨，突现它的豪壮情怀和感召力量。因此，必须读出海燕的矫健与无畏。

范文二：我国建筑学家、作家、诗人林徽因的著名诗作《你是人间的四月天》（本文选录在百思口才培训学校的官方教程《21 天公众讲话与魅力口才实战教程》）

我说你／是／人间的四月天／笑响／点亮了／四面风／轻灵／在／春的光艳中／交舞着变／你是／四月早天里的／云烟／黄昏／吹着风的软／星子／在／无意中闪／细雨／点洒在／花前／那轻／那娉婷／你是鲜妍／百花的冠冕／你戴着／你是天真庄严／你是夜夜的月圆／雪化后那片鹅黄／你像／新鲜初放芽的绿／你／是柔嫩喜悦／水光浮动着你梦期待中白莲／你／是一树一树的花开／是燕／在梁间呢喃／你／是爱／是暖／是希望／你／是人间的四月天／

朗读指导

一般都认为这是林徽因写给他儿子的一篇精美的诗歌。诵读时，动作要有感而发，情绪到了动作自然就会出来；要有画面感，仿佛你已经看到了那美景、感受着那份深情；要以情动人，而不是靠声音、表演动人；再有就是放松，不用紧张。

如何快速增强当众讲话的感染力

请问大家，动物界里哪种动物的声音最具感染力？是老虎，是狮子。它们的声音很大，表情很凶猛，四肢雄壮有力，让百兽闻风丧胆，战战兢兢，不敢吭声。

现实中，我们如何去提升自己的感染力呢？下面提供四点建议：

一是声音要洪亮，抑扬顿挫。声音大就有声势，就有气势，就有感染力。

二是目光和表情要丰富多彩。目光和表情语言占讲话比例的70%，凡是感染力很强的讲话，演讲者与听众的目光交流都很到位，表情都很丰富多彩。

三是肢体动作得体到位。肢体手势的运用对当众讲话来说是增强感染力的重要环节，如果在讲话中适当地运用肢体动作，那么我们的讲话感染力会立竿见影。

四是内容中的观点和主张会对听众产生极强的感染力。这一点是很核心的一点。前三点属于"演"的成分多一点，这一点属于"讲"的成分，也是我们要讲的核心部分。比如马云的演讲——《懒人与成功》（题目为本书作者加）。

今天是我第一次和雅虎的朋友们面对面交流。我希望把我成功的经验和大家分享，尽管我认为你们其中的绝大多数勤劳聪明的人都无法从中获益，但我坚信，一定有个别懒得去判断我讲的是否正确就效仿的人可以获益匪浅。

让我们开启今天的话题吧！

世界上很多非常聪明并且受过高等教育的人，无法成功。就是因为他们从小就受到了错误的教育，他们养成了勤劳的恶习。很多人都记得爱迪生说的那句话吧：天才就是99%的汗水加上1%的灵感。并且被这句话误导了一生。勤勤恳恳的奋斗，最终却碌碌无为。其实爱迪生是因为懒得想他成功的真正原因，所以就编了这句话来误导我们。

很多人可能认为我是在胡说八道，好，让我用 100 个例子来证实你们的错误吧！事实胜于雄辩。

世界上最富有的人，比尔·盖茨，他是个程序员，懒得读书，他就退学了。他又懒得记那些复杂的 DOS（磁盘操作系统）命令，于是，他就编了个图形的界面程序，叫什么来着？我忘了，懒得记这些东西。于是，全世界的电脑都长着相同的脸，而他也成了世界首富。

世界上最值钱的品牌，可口可乐。他的老板更懒，尽管中国的茶文化历史悠久，巴西的咖啡香味浓郁，但他实在太懒了。弄点糖精加上凉水，装瓶就卖。于是全世界有人的地方，大家都在喝那种像血一样的液体。

世界上最好的足球运动员，罗纳尔多，他在场上连动都懒得动，就在对方的门前站着。等球砸到他的时候，踢一脚。这就是全世界身价最高的运动员了。有的人说，他带球的速度惊人，那是废话，别人一场跑 90 分钟，他就跑 15 秒，当然要快些了。

世界上最厉害的餐饮企业，麦当劳。他的老板也是懒得出奇，懒得学习法国大餐的精美，懒得掌握中餐的复杂技巧。弄两片破面包夹块牛肉就卖，结果全世界都能看到那个 M 的标志。必胜客的老板，懒得把馅饼的馅装进去，直接撒在发面饼上边就卖，结果大家管那叫 Pizza（比萨），比 10 张馅饼还贵。

还有更聪明的懒人：

懒得爬楼，于是他们发明了电梯；

懒得走路，于是他们制造出汽车、火车和飞机；

懒得一个一个地杀人，于是他们发明了原子弹；

懒得每次去计算，于是他们发明了数学公式；

懒得出去听音乐会，于是他们发明了唱片、磁带和 CD（激光唱片）；

这样的例子太多了，我都懒得再说了。

还有那句废话也要提一下——"生命在于运动。"你见过哪个运动员长寿了？世界上最长寿的人还不是那些连肉都懒得吃的和尚？

如果没有这些懒人，我们现在生活在什么样的环境里，我都懒得想！

人是这样，动物也是如此。世界上最长寿的动物叫乌龟，它们一辈子几乎不怎么动，就趴在那里，结果能活 1000 年。它们懒得走，但和勤劳好动的兔子赛跑，谁赢了？牛最勤劳，结果人们给它吃草，却还要挤它的奶。熊猫傻了吧唧的，什么也不干，抱着根竹子能啃一天，人们亲昵地称它为"国宝"。

回到我们的工作中，看看你公司里每天最早来、最晚走，一天像发条一样忙个不停的人，他是不是工资最低的？那个每天游手好闲，没事就发呆的家伙，是不是工资最高，据说还有不少公司的股票呢！

我以上所举的例子，只是想说明一个问题，这个世界实际上是靠懒人来支撑的。世界如此的精彩都是拜懒人所赐。现在你应该知道你不成功的主要原因了吧！

懒不是傻懒，如果你想少干，就要想出懒的方法。要懒出风格，懒出境界。像我从小就懒，连长肉都懒得长，这就是境界。

第六章　当众讲话啰唆，烦琐冗长怎么办

讲话啰唆，是因为缺乏条理性；烦琐冗长，是因为抓不着重点。当众讲话冗长啰唆，表达含混不清，是企业总裁和其他商务人士讲话时一个比较突出的现象。

就企业总裁而言，有的人当众讲话啰唆，烦琐冗长，主要体现在以下五个方面：一是紧张失态，影响发挥；二是讲话平淡，感染力不够；三是内容冗长，没完没了；四是条理不清，不知所云；五是表达啰唆，颠三倒四。这可以说是他们的五点硬伤。

就其他商务人士而言，他们事务多，工作忙，时间紧，商务讲话的特点是：三句话就能激发兴趣；短平快，简明扼要；主题明，条理清；三言两语解决问题，最忌讳长篇大论，啰唆，没完没了。

在这里，我们不妨看看英国前首相戈登·布朗的例子。在英国政坛，戈登·布朗显然称不上口齿伶俐，批评者说他的讲话冗长乏味，似不全是污蔑。但在他任首相的 2009 年 3 月访美期间，却忽然变得"伶牙俐齿"，令人刮目相看。特别是他在美国国会参众两院联席会议上发表的演讲，赢得了在场议员 19 次集体起立鼓掌，美国总统奥巴马也亲自致电祝贺。美国评论人士认为，布朗的讲话不仅激情澎湃，而且在论及全球经济形势时切中要害，颇具感染力。一向不善言辞的布朗，为什么会在短时间内变身"名嘴"呢？原来，是"口才顾问"帮助戈登·布朗完成了这一蜕变。曾经效力于美国总统的"西翼写手"不仅为戈登·布朗撰写了精彩的演讲稿，还为他提供了具体的演讲指导。

实际上，很多国家的政要、官员、知名人士、成功企业家……甚至包括体育、娱乐明星等，都会聘请专门的"口才顾问"为自己打理各类讲话稿，这已经不是什么秘密了。正因为有了这些"幕后人物"的帮助，他们在讲坛上才能妙语连珠、侃侃而谈。那么，作为老总，作为职场精英，我们需要牢记一句话：要用几句话把你要讲的内容讲清楚，否则必将付出沉重的代价。

当众讲话"好"的标准是什么

我们当众讲话讲得好的标准是什么呢？有以下两点。

1. 自己本身讲得好

比如，有自信心，表达流畅，形象生动，条理清晰，主题集中，立场鲜明，语言精练，感染力强，等等。

2. 所讲的话对听众有好处，有帮助

这是非常重要的一个标准。做任何事情，我们自己认为的标准和别人认为的标准往往不是一回事。比如，我们到外面去吃饭，通常去什么地方，当然是哪里人多去哪里，这是我们的标准。但是，饭店老板认为的标准是，饭菜质量好才是真正的好，用好油，有足料。做饭和吃饭的标准不一样，以谁为准呢？同样的道理，说话的时候，我们自己认为本身好就是好，但听众可不这样认为：你演讲本身再好，关我们什么事，关键是你讲的东西对我是否有好处。

因此，当众讲话"好"的标准，就是解决听众的问题，满足听众的需求，帮听众离苦得乐。这是我们当众讲话的核心和根本的东西，其他因素都是为这个根本服务的。

三招让你讲话不再啰唆

不知多少人讲话，因为内容啰唆，烦琐冗长，颠三倒四，让人生厌，不但没有好结果，反而适得其反。如果跟顾客谈合作那就更加糟糕了。

在美国有一个牧师，有一次，他在募捐活动中宣讲慈善的意义，当他讲到 5 分钟时，美国著名作家和演说家马克·吐温准备捐 10 美元；当牧师讲到 10 分钟的时候，马克·吐温准备捐 5 美元；当牧师讲到 15 分钟的时候，马克·吐温准备放弃捐款；当牧师讲到 20 分钟的时候，马克·吐温从募捐箱里拿走了 2 美元，离开了现场。

马克·吐温刚开始准备捐出身上所有的钱，他一定是被牧师的演讲所吸引、所感动，甚至是信服和崇拜。马克·吐温最后之所以从捐款箱中偷偷拿走 2 美元，他认为那是牧师浪费他宝贵时间的补偿。马克·吐温在整个听布道过程中的心情态度的变化，不正反映出那位牧师讲话内容啰唆，烦琐冗长，让人生厌吗？他开始的演讲一定是充满激情、富有新意的，才会让马克·吐温感动，讲到最后就一定是枯燥无味毫无新意可言了，所以才让马克·吐温恼怒。

仔细品味这个故事，不由想到现实生活中有些人当众讲话喜欢"长篇大论"。本来可以直接奔入主题的，非要"洋洋洒洒"，反复阐述，讲上几个小时，好像讲短了、讲少了，体现不出自己的水平。结果让听众十分之反感，根本不知道他所讲的内容重点是什么。其实，那些喜欢短话长讲的人，不见得知识有多丰富，水平有多高，相反，逻辑思维不强，准备不充分。

这方面的例子真是太多了，作为精英的你，如何让自己的讲话变得精练、不再啰唆呢？在这里我给大家说三点：

一是确定主题，列好提纲。这是一个好习惯，不至于让自己讲话信口

开河，想怎么讲就怎么讲。也不至于讲得离题万里，让人如坐针毡。通过这个方法可以把自己的讲话内容框一框，有所限制。

二是高度归纳总结。把自己的讲话内容，属于同类的东西归纳一下。这是一个技术，也是观念，把自己想讲的东西，用几个字、几个词形象生动地总结一下，让对方听得进、记得住。（具体参照后面的"三性两化"当众讲话的核心技术）

三是养成动笔的好习惯。我们讲话的时候，每讲完一个地方，就用笔勾勒一下，防止讲话内容重复。在百思口才培训机构高级班的训练中，一些讲话啰唆的学员，我强制他们在讲话的时候要动笔。讲到哪里，画到哪里。讲话的分寸掌握好，适可而止，恰到好处，见好就收。如果大家都盼望你快点讲完，可是你讲话没完没了，反反复复，颠三倒四，大家能对你印象好吗？

第七章　当众讲话内容空洞怎么办

现实中，当众讲话内容空洞的人太多了，他们很能讲话，但是你仔细分析，好像讲的很多都是没用的废话，没有多少"干货"。讲话空洞，其实就是缺少有力的事实，没有摆清楚道理，以至于讲话内容多但缺乏实质的东西，不切实际，华而不实。

是什么原因造成当众讲话内容空洞呢？首先是没有经过专业训练。属于不知道，不觉得，说起来自我感觉良好，但内行人一听就知道对方没有经过多少专业训练。专业的培训会告诉你，空洞是讲话的忌讳，浪费大家的时间，影响自己的形象。其次是认识问题，总觉得讲话滔滔不绝、口若悬河就是好口才，所以在如何能讲话上下功夫，结果本末倒置。最后是习惯问题。一讲话就天马行空，云山雾罩，天南海北。

常言道，摆事实，讲道理。不会用事实说话，是相当一部分领导者存在的问题。具体来说，领导者在用事实说话方面存在两个问题：一是有观点无例子；二是有例子不具体。

关于有观点无例子，这里有一个典型案例，是一位县委书记的讲话。

同志们：

我来工作快一年了，经常和班子成员以及中层干部交流时，感到以下四方面比较突出。

一是懒。推推动动，拨拨转转，有的甚至推也不动，拨也不转，满足于当"传声筒""中转站"，正职靠副职出主意、想办法，副职靠

股室拿方案、定意见，工作缺乏创造性、主动性，惰性严重，标准不高，效能低下。

二是散。纪律观念淡薄，自我中心意识浓厚，对上有令不行，有禁不止，有事不办；对内议而不决，决而不行，行而不果，夜郎自大，唯我独尊，我行我素。

三是俗。个别同志整日忙于迎来送往，拉关系，跑门路，吃吃喝喝，拉拉扯扯，把关系看得比天还高，把人缘看得比泰山还重，为一己之私利，慷集体之慨，不顾他人死活。

四是滑。一事当前，有利就争，无利就躲，有难就推，有矛盾就交。面对工作，不是把心思用在破解难题、谋划工作上，而是用在洗清自己、推卸责任上。

这位县委书记讲话的观点非常简洁，用四个字"懒、散、俗、滑"把内容全部概括。但是由于没有具体的例子做支撑，听起来就显得空洞无物，台下人听了，恐怕谁也不会当回事。

对于有例子不具体，我们来分析下面这段讲话，题目是《要注重提高机关团队的学习力》。

国外的大型企业非常重视提升团队学习力问题。这种团队学习很有针对性，十分有利于激发学习热情，增进团队协作，提升员工综合素质。

现在国内一些大学引进了"拓展训练"的团队培训方式，把学习教育融入团队活动中，通过体验方式的教学让每个学员切身体会团队精神，领悟如何遵循游戏规则，培养非定向思维的能力。

这段讲话讲的内容很有针对性，也举了例子。但是讲到"国外大型企业非常重视提升团队学习力"，是哪家企业？讲到"国内一些大学引进了拓展训练"，是哪所大学，由于没有具体的事例，听众听起来不解渴，看不见，摸不着，印象就不深刻。

事实说明，当众讲话内容空洞有百害而无一利。为了彻底克服这个缺点，我在这里提出三点建议：一是讲故事，二是讲细节，三是讲数字。做到了这三点，当众讲话的内容就不再空洞了，也就具备了很强的说服力。

故事在演讲中的魔力

美国一位叫吉·卢卡谢夫斯基的演讲学教授说："一张图片可能相当于1000个单词，但是一个好的故事却抵得上1万张图片。"举例子，讲故事，就是有这么大的功效！

美国苹果公司创始人乔布斯就深知故事在演讲中的魔力，所以他于2005年在斯坦福大学演讲时只讲了3个故事，却给乔布斯"保持渴望，虚心若愚"的观点插上了翅膀，在全世界青年人的心中飞翔，给了他们改变自己的勇气和力量。

我很荣幸能在今天与你们一起参加一个世界上最优秀的大学的毕业典礼。我从来没有从大学毕业。说实话，今天是我离大学毕业最近的一次。今天，我想给你们讲我生活中的三个故事。就是这样。没什么大不了的。只是三个故事。

第一个故事是关于把我生活中过去的点点滴滴联系起来。

在过了最初的6个月后，我便从Reed College（里德学院）学院辍学了。但是，在我真正离开那里前，我又待了大约18个月。我为什么辍学呢？

这一切在我出生前就开始了。我的亲生母亲是一个年轻的未婚大学生。她决定把我送给别人收养。她坚持认为，我应该被有大学学历的人收养。所以，一切本来都已经安排好了，我将会被一个律师和他的妻子收养。但是当我出生以后，律师夫妇在最后一分钟决定他们真

正想要的是一个女孩。所以，我的养父母本来是在等候的名单上的。他们在半夜接到了一个电话，"我们有一个意料之外的男婴。你们想要他吗?"他们回答说:"当然。"我的亲生母亲后来发现我的养母从来没有从大学毕业，而我的养父高中都没有毕业。她拒绝在最终的领养文件上签字。过了几个月后，我的养父母向她保证我将来会上大学后，她才同意了。

17年后，我确实上大学了。但是我天真地选择了一个几乎和斯坦福一样昂贵的学院。我工薪阶层父母的所有积蓄都花在了我的学费上。6个月后，我看不到这有任何价值。我不知道我的一生想要做什么，我不知道大学如何能帮我找到这一问题的答案，而且我在这里花费着我父母一生所有的积蓄。所以，我决定辍学，而且相信所有的这一切都会解决的。在当时，这个决定是非常令人害怕的。但是，回过头来看，这是我做过的最好的决定。在我辍学的那一刻，我可以不再去上我不感兴趣的课程，而去上那些看起来有趣的课程。

这并不浪漫。我没有宿舍，所以我睡在了朋友房间的地板上。我回收可乐瓶，用得到的5美分买吃的。我会在每星期天晚上步行7英里穿过城市到 Hare Krishna 寺庙（位于纽约布鲁克林下城区）去好好吃一顿。我喜欢那里的饭。我凭着好奇心与直觉所遇到的一切，很大一部分在后来被证明是无比珍贵的。让我给你们举一个例子:

那时，Reed College 提供了当时可能是全国最好的书法课程。在校园里，每一个海报、每一个抽屉上的标签都是优美的手写字。因为我辍学了，不用再去上正常的课程，我决定上书法课，去学学如何写书法。我学会了 Serif（有衬线字体）和 Sans–serif（无衬线字体），学会了改变不同字母组合间的间隔，知道了是什么使字体变得优美。这一切都很优美，有历史感，具有科学无法获得的艺术的精巧。我发现这一切令人着迷。

对书法的学习看起来没有任何机会在我的一生中得到实际的应

用。但是，10 年后，当我们设计第一台 Macintosh 电脑（麦金塔电脑，以下简称 Mac）时，这一切就又重现了。我们把字体的设计都放入了 Mac，第一个有着优美字体的电脑。如果我没有在学校学书法课程，Mac 就不可能有多种字体或者按适当比例间隔的字体。因为 Windows 只是照搬了 Mac，有可能没有任何个人电脑会有这样的字体。如果我没有辍学，我就不会选那个书法课程，个人电脑就有可能没有今天这样优美的字体。当然，当我在大学时，把我当时的一点一滴串起来并不能预测到我后来的结果。但是，当 10 年后再回头看，这一切都非常非常清楚。

当然，你不能把事情联系在一起而预测未来，你只能回过头来再把它们联系起来。所以，你一定要相信那些点点滴滴在将来一定会以某种形式联系起来。你一定要相信一些事情——你的直觉、命运、生命、因缘，无论是什么，这一方法从没有让我失望过。它对我的生活至关重要。

我的第二个故事是有关热爱与失去。

我很幸运，在生命中的最初阶段就找到了自己热爱做的事情。在我 20 岁的时候，沃兹和我在我父母的车库里创建了苹果公司。我们非常努力。10 年内，苹果从一个只有我们两个人的车库公司成长到 20 亿美元，有 4000 名员工的公司。当时我刚刚满 30 岁，就在一年前，我们发布了我们最杰出的创造——Macintosh。然后，我被解雇了。你怎么能被你自己创立的公司解雇呢？哎，当苹果公司逐渐发展，我们雇了一个我认为非常有才华的人来和我一起运作公司。第一年，都还不错。但是，随后我们对未来的想法就开始有了分歧。最终我们闹翻了。当我们闹翻的时候，董事会站在了他的一边。结果是，我在 30 岁的时候被踢出了公司，而且是以尽人皆知的方式被踢出。我成年以来整个生活的中心没有了，这是毁灭性的。

有几个月的时间，我真的不知道做什么好。我觉得我辜负了把接

力棒传递给我的上一代的创业者。我找到戴维·帕长德和鲍勃·诺伊斯并向他们道歉，为我把事情搞得如此之糟道歉。我是一个众所周知的失败者，我甚至想到从硅谷逃走。但是慢慢地我才开始意识到——我仍旧热爱我所做的事情。在苹果所发生的事情丝毫没有改变这一点。我被拒绝了，但是，我仍旧爱着。所以，我决定重新开始。

在那时我并没有认识到，但是实际上，被苹果解雇对我来说是最好的事情。成功所带来的沉重感被重新开始、对一切都不确定的轻松感所代替。这一切解放了我，让我进入了一生中最有创造性的一段时间。

之后的 5 年，我创办了一家叫 NeXT 的公司和另外一家叫 Pixar（皮克斯）的公司，还爱上了一个非常好的女人劳伦，后来她成了我的妻子。Pixar 创造了世界上第一部电脑动画电影——《玩具总动员》。现在，Pixar 是世界上最成功的动画工作室。在经历了种种起伏后苹果买下了 NeXT。我重返了苹果。我们在 NeXT 发展的技术是苹果目前复兴的核心。劳伦和我有一个美好的家庭。

我相当确信，如果我没被苹果解雇，这一切之中的任何事情都不会发生。这是一剂苦药，但是我想我这个病人需要它。有时候，生活像用板砖拍头一样打击你。别失去信心。我深信当时唯一让我支持下去的原因就是我热爱我所做的一切。你一定要找到你所热爱的。对你的事业是这样，对你的爱人也是如此。你的事业将会占据你生活的很大一部分，你真正得到满足的唯一途径就是去做你坚信是伟大的事业。而做伟大的事业的唯一途径就是热爱你所做的一切。如果你还没有找到，继续找，不要妥协。就像其他一切需要用心灵去感受的事物，当你找到的时候，你会知道的。就像任何美满的伴侣关系，随着时间的推移，事情会变得更美好。所以，继续找吧，直到你找到。不要妥协。

我的第三个故事是有关死亡的。

在我 17 岁的时候，我读到一段话，大概是"如果你按照生活的每一天都好像是你生命的最后一天那样活着，总有一天你会确信你的方向是对的"。这句话给我留下了深刻的印象，从那以后，在之后的 33 年里，我每天早晨都会对着镜子问自己："如果今天是我生命的最后一天，我还会去做我今天将要做的事情吗？"而每当连续几天我的回答总是"不"时，我知道我需要做些改变。

记住很快我将离开人世，这是帮助我做重大决定的最重要的工具。因为几乎任何事情——所有外界的期望，所有的自尊，所有对失败或丢脸的恐惧——在死亡面前都会烟消云散，只剩下那些真正重要的东西。记住你会死去，这是我所知的避免陷入患得患失的陷阱最好的方式。你已经赤条条无牵挂，你没有任何原因不去追随你的内心。

一年前我被诊断为癌症。早晨 7 点半我做了扫描。扫描清楚地显示在我的胰脏上有一个肿瘤。我都不知道胰脏是什么。医生们告诉我几乎可以肯定这类癌症是无法治愈的。我应该不会活过 3～6 个月。我的医生建议我回家把后事准备好，这也是医生对准备去死的说法。也就是在几个月的时间里对你的孩子说所有的事情，那些你曾经认为你会有下一个 10 年的时间去说的一切。也就是说确保一切安顿妥当，让你的家人尽可能地从容一些。也就是你的告别。

我带着这一诊断结果生活了一整天。晚上，我做了活组织检测。他们把内窥镜插下我的喉咙，穿过我的胃，进入肠子，用一根针穿入我的胰脏从肿瘤上提取一些细胞。我被麻醉了。但是我的妻子在现场。她告诉我，当他们在显微镜下看过之后，医生们喊叫起来。因为这原来是一种极为罕见形式的胰腺癌，可以通过手术治愈。我做了手术，现在我已经没事了。

这是我面临死亡最近的一次。我希望这也是我今后几十年内最近的一次。经历过这一切，现在我可以更确信地对你说这一切，死亡不仅仅是一个有用但抽象的概念。

没人希望死。即使是想进入天堂的人们也不想通过死亡进入那里。但是，死亡是我们共同的目的地。没有人能逃脱。死亡就是这样。因为死亡也许是生命中最好的发明。它是生命改变的媒介。它清理老的，给新的让出路。现在，你们就是新的。但是，不久，你们也会慢慢变成老的，然后被清理掉。原谅我这种非常直白的说法，但是，这是事实。

你的时间是有限的，所以不要浪费你自己的时间去过别人的生活。不要被教条所禁锢，被动接受别人思想的结果；不要让他人意见的噪声盖过你自己内心的声音。最重要的是，有勇气去追随你的内心与直觉。你的内心和直觉早已洞察了你真正想做的。其他的一切都不重要。

当我年轻的时候，有一本优秀的刊物叫 *The Whole Earth Catalog*（《全球概览》），是我们那一代的"圣经"之一。一个叫斯图尔特·布兰奇的人在离这不远的门洛帕克市用他诗人般的灵感创造了这一刊物。当时是 20 世纪 60 年代末，还没有个人电脑和桌面出版系统。所以，这本刊物全部是用打字机、剪刀和宝利来相机做出来的。这好像是纸上的谷歌，但在谷歌出现前 35 年：它是理想主义的，充满了简洁的工具与伟大的想法。

斯图尔特和他的团队出版了几期 *The Whole Earth Catalog*。他们最终完成了自己的使命，出了最后一期刊物，时间是 20 世纪 70 年代中期。当时我正处在你们的年纪。在刊物封底，是一幅清晨乡间路的照片。如果你乐于冒险搭便车旅行就会看到这一种景象。在照片下面有一句话"保持渴望，固执愚见"。这是他们的告别语。保持渴望，虚心若愚。我一直这样勉励我自己。现在，当你们毕业，有新的开始，我同样勉励你们。

保持渴望，虚心若愚。

多谢你们！

要学会讲细节

这里讲的细节，是指能够有力地表达讲话观点的细小事物、人物的某些细微的举止行动，以及景物片段等。有时候，我们讲话是讲一个完整的故事来说明观点，比如上面举的乔布斯的例子；有时候因为讲话时间所限，无法展开讲故事，就要学会讲细节。

一叶知秋，有时候一个细节讲好了，也能够达到生动形象表达观点的效果。比如有一次，我在给学员们讲解当众讲话的规范这一课的时候，用"一看、二笑、三点头、四开口"来概括开口前的基本规范。

> 各位学员：
>
> 我们登台当众讲话的时候开场的规范是怎样的呢？用"一看、二笑、三点头、四开口"来概括：
>
> 一看。在登台后，开口前，首先要和所有观众进行充分的目光交流。
>
> 二笑。面带笑容和大家交流，让人感受到你的温暖和友善。
>
> 三点头。认可观众，和大家同流，才是交流的前奏。
>
> 四开口。有了以上三个方面的基础和前提，开口讲话就合乎规范了。
>
> 我问大家，上台开头的规范是什么呢？（大家异口同声：一看、二笑、三点头、四开口。）

培训效果出奇的好。这就是语言细节的力量。

我们再来看白岩松是怎样寻找细节的。《领导干部21天提升当众讲话魅力》一书中摘录了一段白岩松的讲话：

> 好的主持人、好的新闻没有别的，最关键的就是能找到有细节的

语言，让人印象深刻的细节以及细节化的表达。印象深的都是细节。

我在节目里说的很多东西新鲜吗？不新鲜，但是一定要用新的说法去说这件事，这样才能把道理传递出去。比如我告诉大家，"现在房地产商不降价，政府在拼命地强调"，你记不住，但是当我发明了"总理说了不算，总经理说了才算"，大家就记住了。有很多这样的节目，我跟其他人说得差不多，但是你能记住我说的。

我的语言有细节，我会去捕捉细节。比如说我做大概念的事情，做直播的时候，从来都是最后一个面对摄像机的。他们在那儿不管怎么架机位，我一定要在现场来回晃荡，直到来这儿做直播时候才回来。我在找什么呢？我不是找大的概念，在找一个可以进入语言的细节和进入节目报道的细节。

比如说我去圣彼得堡报道胡锦涛参加圣彼得堡国际论坛，这是一件很有概念性的大事，但是我在做直播的时候不断地往里加新东西。比如第一场直播做完后，我出来瞎逛，在那儿等着，一个小时之后再回来，在论坛中间我突然听到中国夜上海的歌，请注意，这是在俄罗斯，是哪儿传出来的呢？我去找，结果是会场有一个大的酒吧，是喝茶的、喝酒的、中间休息的地方。当我凑过去一看，不仅仅隔三五首歌就会有一首中国歌，而且那里有 1/3 的服务员穿着旗袍，有一排灯就是中国的宫灯，我赶紧叫摄像过来。当你要表达办了很多届的国际论坛，这一届格外有中国特色，这是一个概念，因为胡锦涛来了，你用什么表达？这就是一个很棒的细节。我上节目时就把这个细节传递出去，比用嘴空着说这次论坛非常有中国特色要有说服力多了。

从上面这段话中，我们就能感受到为什么白岩松的语言那么有说服力了，重视细节就是他的秘诀之一。隔行如隔山，隔行不隔理。白岩松的经验也可以给我们当众讲话以很好的启示。

典型数字有很强的说服力

想要避免讲话内容空洞，还可以用数字来说明观点。因为引用真实典型的数字举例子，也具有非常强的说服力。

1999 年 4 月 9 日，时任国务院总理兼任国家经济体制改革委员会主任的朱镕基，在接受美国公共广播电视公司记者莱雷尔提问时说：

> 他们向我指出，天主教和一些基督教派在中国发展了一两个世纪，然而在 1949 年中华人民共和国成立时只有 80 万教徒；而现在增加到 1000 万教徒；中国近 20 年来共印刷了《圣经》2000 万本。如果没有宗教信仰自由，这一切又怎么可能发生呢？

从"80 万教徒"到"1000 万教徒"，"印刷了《圣经》2000 万本"，朱镕基列举的这 3 个沉甸甸的数字，胜过任何雄辩，充分说明了新中国并没有限制宗教自由的现实。

乔布斯也是一个善于用数字打动人的高手。经常把最核心、最震撼人心的数字打出来，给听众以强烈的印象。在一次新产品发布会上，乔布斯说：

> 大约一年前，我们推出了第三代的 iMac。今天，我来告诉大家一个好消息，就是 iMac 上市的第一年就取得了超过 100 万台的销售量，我们因此很受鼓舞。

这时，在乔布斯演讲的幻灯片上看到一个"1 Million"（100 万）的数字充满了整个画面。这样出数字的效果是：视觉上简洁明了，脑海里印象深刻，让现场的听众受到强烈的震撼！

高级篇

第八章　精彩开场白，一鸣惊人

大家都知道第一印象很重要，演讲的开场白就像我们给人的第一印象。"好的开头等于成功的一半"，比出口成章更胜一筹，真的是"不鸣则已，一鸣惊人"，让人听了不仅忍俊不禁，而且还终生难忘，在不知不觉间长了很多见识，又培养了学习的兴趣。在这里，我们先来欣赏几个大师级人物的开场白，看看他们是怎么一鸣惊人的。

国学大师启功先生，是个很幽默的人。一次他外出讲学，第一句便是："本人是满族，过去叫胡人，因此在下所讲，全是胡言。"逗得学生们哈哈大笑，启功一下子拉近了自己和学生的距离，让学生觉得分外亲切和轻松。

大抵"胡家人"多幽默，启功先生的"老本家"胡愈之先生在客串讲课时候，亦说："我姓胡，虽然写过一些书，但都是胡写，出版过不少书，那是胡出，至于翻译的外国书，更是胡翻。"胡愈之先生笔走龙蛇，在创作时语斟字酌，怎么会好似胡写？敢于自我调侃之人，往往有着过人之处。

章太炎先生嗜烟，给学生讲课时，一手拿粉笔，另一只手必拿烟卷。有时他讲到精彩处，就拿着烟卷往黑板上写板书，常常引得学生哄堂大笑。更绝的是，章太炎先生一次讲课时，有五六个弟子作陪，有专门板书的，有倒茶水的；太炎先生国语不太好，弟子刘半农便担

任翻译，其情其景甚是壮观和有趣。最有意思的是章太炎先生讲课的开场白："你们来听我讲课是你们的幸运，当然也是我的幸运。"惯常的狂，大有"平生不识章太炎，访尽名流亦枉然"之架势，然而却丝毫不影响他备受众人敬仰的状况。

梁启超给学生讲课时常常先抑后扬，也很是让人过耳难忘。有一次他讲课时，开口便说："启超是没什么学问的。"一听此话，学生喧哗开了，不知道教授这是唱的哪出戏。梁启超眼睛向上一翻，而后又补上一句："启超还是有些学问的。"本以为他自诩没学问，想要谦虚一下，谁料他竟是这等自负。学生在乐呵的同时，也立马记住了这位不一样的教授，不知不觉间被他引入浩瀚的知识海洋。

刘文典在任西南联大中文系教授时，日本的飞机经常神出鬼没地轰炸大后方的昆明，西南联大也是日机轰炸的目标之一。一次，警报又响了起来，人们纷纷往防空洞跑。刘文典在跑的过程中看见沈从文也在跑。按理说逃命是人的本能，无可厚非，谁知刘文典竟对着沈从文呵斥道："我跑防空洞，是为《庄子》跑，我死了就没人讲《庄子》了，你跑什么？"其狂妄之言，让人啼笑皆非，也让人不得其解。所以他每次讲授《庄子》，第一句话便是技压群雄："《庄子》嘛，我是不懂的喽，也没有人懂！"

上述这些大师们一鸣惊人的开场白给我们留下了难忘的印象，更给我们以深刻的启迪。下面的这些体会，能够帮助你正确认识开场白，并在当众讲话时很好地运用它。

万事开头难，难在自己不得要领

大家都知道第一印象很重要，演讲的开场白就像我们给人的第一印象。

战国末期著名思想家、教育家荀子在其名篇《劝学》中说："君子生非异也，善假于物也。"意思是说，君子的资质秉性跟一般人没什么不同，只是君子善于借助外物罢了。比如，把一个重 500 千克的货物，搬到 10 楼，走楼梯就很难、很慢，同时很有挫败感，但是使用货梯，只需要进电梯后轻轻地用食指按一下"10"即可。方法一变，事情就会变得很简单。

其实做很多事情，难度大小，取决于我们是谁、有多少本事，方法是否得要领。同样的道理，我们讲话的时候，开头其实很容易，只要你按照一定的方法去做，效果就会很明显。

负面开场白的特征与常见的负面开场白

负面开场白，顾名思义，就是一开口就让听众对你产生负面的印象，从而导致演讲失败的开场白。

很多人演讲失败，却不知什么原因，其实很大程度上是一开场就失败了，就好像新官上任三把火，三把火烧好了，下面的工作就容易开展了；如果一上任的三把火没有烧好，往往引火上身。当众讲活也是如此，如果在前 3 分钟之内还没有掌声和喝彩声，你的开场白可能就有问题。

1. 负面开场白的特征

负面的开场白什么样呢？主要有以下特征。

（1）让听众难以树立起信心

一上台就表现得非常紧张，声音发抖，面红耳赤，手足无措。一开口就说自己"没什么经验"、自己"是一个业余的"等。这样听众就很难对你生起信心。过分的谦虚，也会让听众对你没信心。

（2）让听众对你反感，觉得你不够重视

有的人一上台，就表现得很没有修养，作风散漫，目中无人，很无

力，满嘴说大话、不着边际的话，甚至粗话和脏话，一开口"我没什么准备""我随便讲一下"等。这样会让听众感到反感、厌恶。

（3）让听众对你的话题没兴趣

一开口就讲自己如何如何，炫耀或者讲一些与听众不相关的话题，听众根本不感兴趣，听起来乏味、枯燥、如坐针毡。讲话的一开场就无法激发听众兴趣。

2. 常见的负面开场白

现实中，常见的负面开场白大致有以下 5 种。

（1）过分谦虚式

比如有一位专家刚一登台便讲："大家好，其实呢，我是没有资格给你们讲课的。因为我没有你们经历那么丰富，知识那么渊博。我才疏学浅，又因为没做认真的准备，所以站在大家前面讲话，我是诚惶诚恐，万分紧张。"听了这样的开场白，听众会作何感想？既然你没有实力，干吗还要在这里浪费我们的时间呢？既然你才疏学浅，应该在学校呀，干吗来这里忽悠我们呢？这么没有实力，还不做认真准备！

（2）寻求赞美

一位美容界的培训导师在参加百思口才培训机构的公众讲话培训课程的时候，做了一个这样的开头导致整个讲话的失败："各位朋友：大家好！我是从事美容行业的吴晓燕，不论我走到哪里，人们都说我很美，你们说我美不美？你们觉得我有没有气质？那你们觉得我的讲话水平怎么样？"不知道你听了这样的开头，会有何感想。这样的开头一方面体现了演讲者强烈的虚荣心、肤浅、喜欢听好话，另一方面也面临着很大风险，一旦听众不配合你，那么尴尬的只有你自己了。

（3）自我炫耀

要么吹牛说大话，说自己多么多么厉害，成就多么多么大，自己一年收入多么多，和什么名人在一起吃过饭合过影，和世界第一名的老师同台演讲过。这样的开场白在成功学讲师中最为常见，尚未讲课之前，先炫耀自己如何如何富有。要么专门讲专业术语，一张口满嘴的专业术语，听得听众一头雾水，不知道是听众理解能力差，还是演讲者故意卖弄。就好比对牛弹琴，不知是牛的问题还是弹琴的人故意炫耀。要么专门对中国人讲外语。有一次，一个海归来参加百思口才培训机构的公众讲话班的课程，我让他做个自我介绍，他满口流利的英语，可是一讲普通话，就讲不好，把我的学生讲得瞠目结舌。在自己的祖国，面对说普通话的同学，这样做至于吗？

（4）寻找借口

"由于没做什么准备，由于时间关系，由于我还有约会，由于我的时间安排得很紧，由于我不是这个专业，由于我这个、我那个"等，听了这样的开场白，你感觉如何？你也太不重视我们了，不准备就给我们讲东西。你不是这个专业怎么会给我们讲呢？资格不具备呀！真是令人大跌眼镜！

（5）离题万里

讲了半天和主题不相关的内容，这是对听众耐心的极大的考验。好比一个人吃包子，吃一口，没咬到馅，再吃一口，又没有馅，继续咬，还是没咬到馅，你是这个人会怎么样呢？在我们百思口才培训机构的商界精英公众讲话特训营上，有一个来自伟创力的学员分享了发生在公司的一件事：公司从广州一家培训机构请老师上营销课程，结果这位老师被愤怒的员工赶下了台。原因就是，这位老师一上台，长篇大论地介绍自己的经历、成长过程将近20分钟，还没有进入正题。耐不住性子的员工有的选择离场，有的交头接耳，终于，一个员工大声说："老师你的开场白还要讲多久呀？我们不是来听你的个人事迹报告的！"紧跟着大家一起喊："不听了，下课！"后来老师只好提前下课回府。这样的开场白，大家说，谁之过错！

好的开场白的五大特征

好的开场白，说简单一点就是，你说第一句话，大家迫不及待地想听下面的话；一开口，大家就很感兴趣。但我们要把握火候，等大家想听了，再学会卖关子、抖包袱。好的开场白都具备以下 5 个特征。

1. 在最短时间内拉近与听众的心理距离

演讲开场做自我介绍时，采用诙谐的语言甚至自嘲，都会使听众备感亲切，无形当中缩短了与听众间的距离。例如，在第四次作家代表会上，著名作家萧军应邀上台，第一句话就是："我叫萧军，是一个出土文物。"这句话包含了多少复杂感情：有辛酸，有无奈，有自豪，有幸福。而以自嘲之语表达，形式异常简洁，内涵尤其丰富。胡适在一次演讲时这样开头："我今天不是来向诸君作报告的，我是来'胡说'的，因为我姓胡。"话音刚落，听众大笑。这个开场白既巧妙地介绍了自己，又体现了演讲者谦逊的修养，而且活跃了场上气氛，沟通了演讲者与听众的心理，一石三鸟，堪称一绝。

当演讲现场比较嘈杂，听众的情绪不稳定，注意力没有集中到你的演讲上的时候，你不妨来个幽默的开场。例如，有位演讲者在开始演讲之前，发现现场很乱、很吵。于是，上台后，他说了这样一番话："一位演讲大师说，要掌握会场的情绪，着重看两个人，一个是长得漂亮的，看着这个人，可以使你讲话更有色彩；另一个是会场上最不安定的那个人，你用目光镇住他，这样你在演讲时会更有信心。我也想学习这个方法，今天到这里一看，长得漂亮的人有 100 个，可是没有发现不安定的听众，这可叫我难办了。"这位演讲者没有批评听众的不专心，而是用幽默的方式安抚听众，让听众心甘情愿地听演讲。

在演讲现场气氛比较严肃或者演讲主题比较严肃时，用恰当的小幽默来开场，可以调动气氛。例如，一位演讲者所演讲的主题是——矛盾具有特殊性和普遍性。这个选题比较沉闷，于是他用了这样一个开场白："相传北宋有一个裁缝，替人做衣服，除了量身高、肩宽、胸围、腰围之外，还要进行许多方面的调查研究。他不仅要仔细观察来人的相貌、神色，推测对方的脾性，问清来人的年龄、职业，连对方是否科考中举，近来有何喜事、祸事，都要问个一清二楚。人们问他为什么要调查得这么仔细，他回答说，一般来说，体胖的腰要宽，体瘦的腰要细，性子急的人衣服宜短，性子慢的人衣服宜长。少年中举，趾高气扬，走路挺胸腆肚，衣服要做得前长后短；老年失意，万念俱灰，走路弯腰驼背，衣服就要做得前短后长。"听众都笑了起来，现场气氛被调动起来，也在最短时间内拉近与听众心理距离。

2. 在最短时间内激发听众的兴趣

人们都有好奇的天性，一旦有了疑虑，非得探明究竟不可。为了激发听众的强烈兴趣，可以使用悬念手法。在开场白中制造悬念，往往会收到奇效。中国共产党的早期革命家彭湃当年在海陆丰从事农民工作，一次到乡场上准备向农民发表演讲。怎样才能吸引来去匆匆的农民呢？他想出了一个好主意。他站在一棵大榕树下，突然高声大喊："老虎来啦！老虎来啦！"人们信以为真，纷纷逃散。过了一会儿，才发现虚惊一场，于是都围上来责怪他。彭湃说："对不起，让大家受惊了。可我并没有神经病，那些官僚地主、土豪劣绅难道不是吃人的老虎吗？"接着，向大家宣讲革命道理。这次演讲后，该地的农运工作很快就开展起来。

制造悬念不是故弄玄虚，既不能频频使用，也不能悬而不解。在适当的时候应解开悬念，使听众的好奇心得到满足，而且也使前后内容互相照应，结构浑然一体。比如，有位教师举办讲座，这时会场秩序比较混乱，学生对讲座不感兴趣，老师转身在黑板上写了一首诗："月黑雁飞高，单于夜遁逃。欲将轻骑逐，大雪满弓刀。"写完后他说："这是一首有名的唐

诗，广为流传，又选进了中学课本。大家都说写得好，我却认为它有点问题。问题在哪里呢？等会儿我们再谈。今天，我要讲的题目是《读书与质疑》……"这时全场鸦雀无声，学生的胃口被吊了起来。演讲即将结束，老师说："这首诗问题在哪里呢？不合常理。既是月黑之夜，怎么看得见雁飞？既是严寒季节，北方哪有大雁？"这样首尾呼应，能加深听众印象，强化演讲内容，令人回味无穷。

3. 在最短时间内为讲话或活动主题营造神秘感

开场白要奔放、热烈，将观众的积极性调动起来，同时还要保持一定的神秘感，如果让人读了上句知道下句就没意思了，之后用轻松、随和而不失优雅的语言继续。例如，在一个综艺节目的现场，主持人用这样的开场白说道："一代大师刘谦的魔术曾给我们留下深刻的印象！今天，刘谦的秘传小弟子携带他最时尚的神奇魔术来到了。现在，掌声有请谢兆南带给我们最新最潮流的魔术！"观众一听，立即兴奋起来，拍着双手大声呼喊着"谢兆南！谢兆南！"其实，"刘谦的秘传小弟子"这个说法，只是主持人为了增添神秘感而增加的台词。

导游词中的开场白，应该使用生动、形象、富有感染力的口语，多用短句子，避免使用拗口的词语。这样，不仅讲着顺口，听着也轻松。在介绍中，你可以给本无生命的景物赋予生命，把静态的景观变成动态的，从而激发游客的兴趣。另外，风景是可以直接看到的，而景点名称的由来，风景背后的神话、传说、故事等，却鲜为人知。因此，在导游词中巧妙地引用这些资料，也能增加旅游的神秘感。例如，有一个导游员对"秦兵马俑"的介绍，就使游客啧啧赞叹、笑声不迭："大家看，这就是举世闻名的秦兵马俑。瞧这位，颔首低眉，若有所思，好像在考虑如何战胜敌人；再看这一位，目光炯炯，神态专注，分明在暗下决心，誓为一统天下而战；再看他，紧握双拳，待命出征……啊，快来看看这位战士，双眼凝视前方，像不像在思念家乡的亲人？走近一点，来，小朋友，有没有听见他轻微的呼吸声？"像这样生动、有趣、绝无枯燥乏味的导游词，瞬间营造了神秘感，哪个游客不喜欢？

4. 最短时间内告诉听众你的话题给他们带来的好处

听众听讲时关心的是演讲内容对自己有什么好处。人都是自私的，最关心的永远是自己。演讲内容与听众的关联性越强，听众越愿意认真听讲。因此，设计开场白时就要展示主体内容与听众的关联、能够带给听众的价值，以吸引听众的关注。

成功的销售人员认为，一开场就使客户了解自己的利益所在是吸引对方注意力的一个有效开场思路。比如：

> "您知道一年只花几元钱就可以有效防止火灾、水灾和失窃吗？"保险公司推销员开口便问顾客。对方一时无言以对，便会表现出很想得知详情的样子，于是销售人员又赶紧补上一句："你有兴趣参加我们公司的保险吗？我这儿有20多个险种可供选择。"
>
> 又比如，某叉车厂销售人员问搬运公司管理人员："您希望缩短货物的搬运时间，并为公司增加20%的利润吗？"对方一听，马上就会对上门访问的销售人员表现出极大的热情。

在上述两例中，如果销售人员直截了当地问对方是否需要参加保险、是否想购买叉车，而不是以问话的形式来揭示参保、买叉车给他们带来的好处，那么其效果显然就会差一些。所以，在开场白中，销售人员应开门见山地告诉客户，自己可以使客户获得哪些具体利益。这样的开场白肯定能够让客户放下手头工作，去耐心倾听销售人员的详细介绍。这就有利于推销顺利进行，取得比较圆满的结局。

再来看这个例子。

> 美国宝洁公司有一个经理，个子矮小，其貌不扬。他每次讲话总

是抓不住听众，无法引起听众的注意，因为他说话总是开门见山、平铺直叙。后来，他参加了百思口才培训的演讲培训，演讲时换了一种开场白。他说："我从南京大学毕业之后就加入了宝洁，从一名基层业务员开始做起，做到了主管、经理、高级经理，现在年薪百万元。接下来，我想以自己的亲身经历跟大家分享一下，如何在企业中快速规划自己的职业生涯，如何做好自己的定位，如何能够获得晋升和发展。"通过这样的转变，引起了听众更大的兴趣。

很多人都有这样的经历，在大学里听讲座，如果演讲者是李开复、马云等人，无论演讲内容是什么，学生都愿意去听，因为这解决了"听众为什么要听"的问题。如果演讲者不是名人，但是演讲的主题是如何毕业后马上找到好工作，学生同样愿意去听，因为这解决了"对听众有什么好处"的问题。所以，设计开场白时，只要能解决听众关心的一个问题就会取得很好的效果，如能解决两个或三个，收到的效果会更好。这种方式特别适用于陌生场合。

5. 在最短时间内告诉你的话题对听众有多么重要

讲话的开头，是你吸引听众的最佳时机。经过你或中规中矩、或激情洋溢的介绍，台下的一双双眼睛一定期望接下来可能出现的妙趣横生的演讲，或许他们更期待出人意料的结果，但不管怎样，他们一定不希望自己是在浪费时间。此时听众正处于一种期待状态，你应该在最短时间内告诉听众你的话题对他们有多么重要，以便更好、更快地引起听众的关注。

请看下面两个重要话题的开场白。

请问在座的各位，大家有没有发现，很多人在演讲的时候，人少时轻松应对，人多时就糟糕透顶；熟悉的人面前表现自如，陌生人面前则尴尬难当；在台下想得很好，一上台就思绪混乱；在下属面前大方得体，到领导、专家面前就心烦紧张。大家有没有类似的问题呢？我今天讲的话题就是如何解决这些问题，如何在台上自信地演讲。

——"如何在台上自信地演讲"

大家有没有发现，现在的人，尤其是年轻人越来越离不开互联网？大家有没有发现，人们每天一上班首先就是打开电脑，一回家可能也是打开电脑，一出差回来还是打开电脑？现代人已经离不开电脑了，需要靠它来了解信息、发布信息。大家有没有发现，一种新型的聊天、沟通方式正在悄然兴起，这就是微博。今天我想花30分钟的时间和大家分享一下，微博为什么这么火，如何通过微博做更好的营销，如何通过微博推荐自己公司的产品。

——"如何通过微博营销"

由此可以看出，演讲开场时巧妙地讲一些听众关心的话题，可以让听众参与其中，对话题更有感觉、更有认识，更好、更快地引起听众的关注。

话题之所以让听众觉得重要，主要取决于两个方面：一是话题是听众关心的，这样听众容易参与进来；二是话题是与主题相关的，这样可以在调动听众积极性的同时起到承上启下的作用。请看下面的例子：

在座的各位朋友，希望自己未来更成功、更卓越、赚大钱的人，请举手让我看一下！希望自己身体更健康、家庭更幸福的人，也请举手让我看一下！这么多人都举手了？那好，我今天就讲如何达到平衡式的成功。

——"如何达到平衡式成功"

七种开场白，让你独步天下

先让我们搞清楚，我们当众讲话首先要做什么事，当然是在最短时间、以最快的速度拉近与听众的心理距离，用两个字概括就是要"同流"，而不是开门见山直奔主题。好的开头就像"凤头"，一露面就会把众人给吸引住。当然凤凰长什么样子，我们也没见过，反正，传说中的凤凰是非

常漂亮的；好的开头，让人听了上一句就想听下一句；听完上一段就想听下一段。好的开头一定是在为所讲的内容做基础、做铺垫，是为推出所讲的主题服务的；好的开头是要把所讲的主题营造得具备神秘色彩以增强听众的好奇。

那么，怎样开头我们才能做到这一点呢？通过大量的教学实践，我总结了7种开头的方法：一是赞美式开头，二是名人名言或文字式游戏开头，三是承上启下式开头，四是提问式开头，五是自我介绍式开头，六是故事（经历、见闻）式开头，七是即兴开头。如果将以上每个开头方法的第二个字连起来就变成了一句话叫作："美人上问我事兴。"今后，大家在外面遇到公众讲话的场合，别忘了我今天给大家讲的"美人上问我事兴。"

1. 赞美式开头

喜欢被赞美、被认同、被肯定是人性使然，顺应人性的开头方法往往最受欢迎。在很多场合我们未必了解听众的具体需求，但喜欢听好话却是人的共性。大量实践证明，赞美式的开头是最容易打开局面的开头方法。

比如，有些演艺团体的主持人不论走到哪里，开头的方法很多都采用这种方法，而且很雷同。来到了珠海，他会说："珠海的听众朋友，晚上好！我们的演出足迹遍布长城内外、大江南北、巴山蜀水，很多地方山美、水美、人也美。今天我发现我们珠海的山更美、水更美、听众是最热情的听众！"

听众听完了，热烈鼓掌，感动不已。

等到了广州，他又会这样讲："广州的听众朋友，晚上好！我们的演出足迹遍布长城内外、大江南北、巴山蜀水、很多地方山美、水美、人也美。今天我发现我们广州的山更美、水更美、听众是最热情的听众！"

珠海变成广州了，不过听众听完了，照样又是热烈鼓掌，感动不已。

再比如：

在广州百思有一位学生学员，跟随父母到湖南的桃源中学就读，开学了学校要找一位学生代表发言。这位学员大胆地站出来说："我来吧，以前我练过。"你看他怎么开头的："尊敬的王校长，各位老师、同学们，大家好！我来自美丽的羊城广州，那里山美、水美、今天我来到了我们桃源中学就读，我觉得这里的山更美、水更美、特别是全体师生的热情让我感动。希望在今后的日子里大家能帮助我、支持我。谢谢大家！下面，我代表全校680名学生表决心如下……"

刚讲完"大家——好"，底下掌声如雷；再加上他又运用了赞美式开头，底下更是掌声如雷。

给我印象最为深刻的是我在上大学时，给大连某银行学校做关于国防形势方面的讲座。在路上我问他们校长："这里的学生有什么特点呀？"校长说："这里的男生60%的帅，女生60%的漂亮。"听完我心里就有底了。等到我演讲时，我就这样开头："同学们，刚来的时候，我就问你王校长，我们银行学校的学生有什么特点？他告诉我说这里的男生60%的帅，女生60%的漂亮。我一登台才发现王校长讲得没错，不过我觉得还不够。我觉得我们男生是100%的帅，我们女生是100%的漂亮。前几天，我参加了一个某单位组织的汽车模特选拔赛，那些女孩长得很漂亮，但大都缺乏内涵。而我们银行学校的学生不但漂亮而且有知识、有内涵。所以我说我们的男生是200%的帅，我们的女生是200%的漂亮。"

刚讲完，底下掌声十分热烈。课下校长就问学生："今天几个老师中，你们觉得哪个老师讲得最好呀？"学生们可谓异口同声："胡老师讲得最好！"校长又问："胡老师都讲什么内容了？"学生想了想：

"嗯，讲什么内容倒记不得了，反正胡老师很会讲话，让我们心花怒放的。"

可见，赞美式的开头威力有多大！

2. 名人名言或文字式游戏开头

先说说名人名言的改编。名人名言的开头方法在写文章时也经常被运用，在当众讲话中同样可以运用。不过要想出彩，简单照搬名人名言是很难打开局面的。怎么办呢？通过大量实践，我发现将名人名言通过自己的智慧进行改编往往会起到意想不到的效果。

比如我要讲一个关于知识的话题，就会这样开头：

> 各位学员，英国的科学家培根说"知识就是力量"，这句话不知曾误导了多少人，让很多人死读书，学富五车却一事无成。我要说，知识本身是没有力量的，只有运用到实践中才是力量。所以"运用知识才是力量"。这才是一句名言。记住这是我的名言。

大家看看，这样一改编，效果马上就不一样了。

再比如：

> 朋友们，有句话这样说"人类因为梦想而伟大"，很多人还把它记在本子上。这句话对吗？我看未必。一想就伟大了？那我们天天做梦就好了，我想像雄鹰那样在蓝天上翱翔，想想就能上天吗？笑话。这句话应该这样讲才对："人类因为梦想而实现，因为实现而伟大。"这才是一句完整的话。

事实证明，名人名言需要运用自己的智慧认真思考进行改编才能取得好的效果。

下面再给大家讲解一下"文字游戏"的开头方法。这个方法主要是拆字。

有一位百思口才机构的学员，在单位要参加一次主题为《珍惜青春，创造辉煌》的演讲比赛。他是这样开头的：

> 各位领导，各位嘉宾，最近几天，我对"青春"两个字进行了认真的思考，青春的"青"字下面一个"月"字，青春的"春"字下面一个"日"字，我们的青春应该像月亮那样美丽，像太阳那样不断发出光和热。奉献的青春才是最美丽的青春。

话音刚落，下面掌声顿时热烈起来。后来这位学员当之无愧地获得第一名。

再比如我曾给大家讲"如何做一个优秀的人"时，这样开头：

> "大家看一下，'优秀'的'优'字怎么写？人＋忧＝优。意为当一个人心中有了忧愁，有了压力，能承受压力，并能转压力为动力，就会成为一个优秀的人。"听众听完，耳目一新。

我们中国人的智慧很多都体现在繁体汉字上，比如"聖"，"圣"的繁体字，可解释为耳聪目明、通达事理、说到又能做到的为人师表的人。像这类字还有很多，大家可以收集一些，以便使用。

3. 承上启下式开头

什么叫作承上启下呢？所谓承上启下说白了就是总结前面的人的讲话内容，推出自己的讲话内容。

比如，某公务员参加了百思口才培训的课程之后，有一次应邀参加了由市老年协会主办的"中老年健康与保健研讨会"。本来给专家安排了一个半小时的讲座，结果不到一个小时就讲完了，这样中间出现了冷场，主持人灵机一动，觉得我们这位学员气质很不错，立即有了主意，他说：

> "非常感谢我们专家给我们做了精彩的讲座，下面我们请这位先

生讲一讲自己的感受，大家说好不好？"

听众一致说："好"。

要是换了一般人肯定大脑一片空白，浑身冒冷汗。但我们学员一不慌、二不忙，从容走上讲台，他说：

尊敬的领导，各位嘉宾：

大家好！（话音刚落，底下掌声如雷，这就是百思的魔力）

今天我和大家一道来参加今天的研讨会并认真聆听了王教授的精彩讲座，感受很深。主持人让我讲话应该说压力蛮大的，因为论资历我没有各位领导那么高；论专业我又远远不及王教授；论口才我赶不上主持人。所以，我今天只能以外行的身份在关公面前耍耍大刀，谈谈我的三点感受……

这就是承上启下的开头方法。

再比如，有一个学员参加了一个题为"昔日破烂王，今日营销大师"的报告会，之后分成若干小组谈感受，他把在百思学习到的看家本领全都用上了，并获得了大家高度的赞美。他的开场白是这样的：

各位朋友，各位伙伴：

大家好！

刚才我和大家一起聆听了张阳老师的精彩报告，一个初中都没上完的山村穷小子，经过十几年的打拼，今天成为年收入过百万元的销售精英，让我很感动。刚才我也认真聆听了前面几位伙伴的精彩分享，结合自身实际情况谈得很具体、很实在，也让我很有收获。下面我也谈一下我的看法和大家一起共勉……

希望得到别人的称赞、认可和肯定是人性。这种开头方法就很符合人性，因此很受欢迎。在即席讲话中还会为自己构思讲话内容赢得思考的时间和机会。

4. 提问式开头

问即是礼，是对听众的尊重，这很符合"以人为师让人荣"的道理；同时，也可以和听众形成互动，容易调动现场气氛。实践证明这是一种不错的开头方法。提问式开头包括两种：一种是假问（也叫设问），另一种是真问。

（1）假问

什么是假问呢？说白了就是并非真的向听众索取答案，而是自问自答的一种开头方法。

咱中国人有中国人的特点：上幼儿园、小学的时候，老师一问问题，小朋友争着抢着举手回答问题。等到了中学，老师问问题，你看我，我看你，不太情愿地举手回答问题。再到了大学，老师一般也不会问问题，因为问了也很少有人愿意回答问题。等到毕业参加了工作，那就更不愿回答问题。所以，很多中国台湾来的老师在给我们讲课时总抱怨我们的听众不够热情、配合不好，其实是不了解自己祖国的文化。咱中国人讲究的是谦虚、内敛和含蓄，不愿出风头，和西方人讲究的张扬的个性完全不同。因此我们在和听众并不熟悉的时候问人家问题，不是自讨没趣吗？

有个叫陈东的学员刚来百思不久，一次在台上练习："各位学友，大家好。先问大家一个问题：大家想不想发财？"刚开始底下无人答应，他又接着问："大家想不想发财？"这时，突然有一学员声音洪亮，字正腔圆地说"我不想"，全场哄堂大笑。结果陈学友弄得十分尴尬，这就是不使用假问闹出的笑话……

还有一位学员参加百思学习近两个月后，深得我的真传，他要向大家讲一个关于自由的话题：

"各位学友，大家好！先问大家一个问题：人这一辈子什么最重要？"有的学员不吭声，有的看笑话，还有的学员开始漫谈，诸如

"吃饭最重要""睡觉最重要""谈恋爱最重要"等。

"对，大家讲得很正确，生命最重要。"他说，"我再问大家第二个问题：比生命更重要的是什么？"有一位学员大声说："吃饭、睡觉、谈恋爱……"他接着说："对，大家讲得好，比生命更重要的是爱情。我再问大家第三个问题：比生命和爱情都重要的是什么？"方才那位学员照样大声说："吃饭、睡觉、谈恋爱……"他接着说："也可能啊，讲得好，比生命和爱情都重要的是自由，那么今天我就和大家讲一下自由的话题。"

因为他掌握了假问的技巧，所以在讲话时就自然而然地达到了互动，取得了营造气氛和推出讲话主题的效果。

（2）真问

所谓真问，就是真的要向听众索取答案的一种提问方法。采用这种方法时，问什么样的问题最好呢？下面我向大家介绍真问的第一个要素：封闭性。什么是封闭性的问题呢？即让听众只能回答"是"或"不是"的问题。比如："各位朋友，我们都是父母所生的，大家说是不是？"听众一定会说"是""肯定是"。听众会不会说"不是"或"很难讲"？当然不会这样说，如果这样说，不是傻子就是神经病，总之脑子不正常。所以，我在销售培训课上就对学员讲："我们向顾客提问题时，一定问顾客必答'是'的问题，这样有利于我们成交。"

一位数学老师在向他的学生问问题："同学们，487乘以675等于多少？"同学们鸦雀无声。为什么？因为难度系数太大了，一时间很难答出来。还有一位中学历史老师向他的学生问问题："同学们，我们中华民族有着五千年的历史，如果用一句话来概括应该怎么讲呢？"底下照样鸦雀无声。什么原因？同样是难度系数太大了，一时间很难答出来。

综上所述，我们在问问题的时候应该问封闭性的问题，即听众必答"是"的问题。

除了应该问封闭性的问题外，还有一个问题要交代一下，那就是怎样才能让听众无条件地回答你的问题呢？下面我讲一下真问的第二个要素——指向性。

什么是指向性？即用手直指着目标。他不说话，你就一直指着他，直到他站起来回答你问题为止。那他就一定会回答你的问题的，这是人性。大家不要忘记了，当你用手指着对方的时候，全场几百人的目光都在死死地盯着他。只要他正常的话，都会回答你的问题的。不信的话，大家可以试一试。

5. 自我介绍式开头

用自我介绍式开头，关键在于要和讲话的主题或与现场听众关注的话题紧密结合起来。比如，有位叫王凡的学员在讲一个关于"我的初恋"的话题：

"各位学友，大家好。我叫王凡，'王'就是白马王子的'王'。'凡'当然是出手不凡的'凡'。我上大学的时候，由于我一表人才，追我的女孩子很多，选择太多了，也麻烦。后来，我听取了一个同学的建议，抓紧时间找一个定下来就好了。于是，费了很大的劲，在低我一年级的学妹中终于找到一个让我非常心动的'公主'。我呀，不到一个月就'搞定'。大家一定问我是怎样出手不凡的呢？下面我就讲一讲我的初恋……"

还有一位叫孙亚丽的学员由于工作突出，被公司晋升为销售部经理，上任前要做一个就职演说，开头就采用了这种方法：

"尊敬的王总，各位同事，大家好。首先，感谢王总对我的信任！我叫孙亚丽，原是销售部一名主管。我原来不叫孙亚丽而是叫孙冠丽，不知为什么，我在学校参加演讲比赛总是获二等奖，参加体育比赛也经常得第二名，毕业时的论文也是第二名，来到我们公司之后，

我的销售业绩更是经常排在第二名。所以我就改了名字叫作孙亚丽。这次我担任销售部经理，决心将公司的业绩一定要做到行业第一名，也决心将名字改一下，大家说叫什么呢？（与会人员都这样说："孙冠丽。"）谢谢大家，冠丽就不用了。大家就叫我小丽好了。下面向大家说一下我上任之后的基本打算……"

这种开头方法在于给听众留下亲切自然的印象。

6. 故事（经历、见闻）式开头

这种方法经常被使用，效果也很好。关键在于故事的选择一定要和所讲的主题有紧密的联系，否则就会闹出笑话来。

比如，我要讲一个关于"学习"的话题，我就会这样开头：

"有一只老鼠要去相亲，它把自己打扮得油头粉面，西服革履。刚一爬出洞口，发现一只老猫在前面趴着，吓得它一下退回洞里。心里想，真倒霉，轮到我相亲，老猫在那里趴着。等啊等啊，突然，听到一声狗叫把老猫吓跑了。老鼠很高兴，今天我走了狗屎运了，老天助我！刚一爬出洞口，'啪'地一下，被一只大爪子给抓住了。老鼠抬头一看还是那只老猫。大惊失色：'哎，老猫我死也得死个明白，刚才我分明听到一声狗叫，把你吓跑了。怎么还是你呢？'老猫冷笑：'小子，你听着，都到2015年了，我要不学会两种语言可怎么生存呢？'连老猫逮老鼠都要学会两种语言，何况我们21世纪的人呢？今天我就讲一讲学习的话题。"

再比如，我有一次向大家讲一个"满招损，谦受益"的主题就是这样开头的：

"有这样3个人，一个是学生，一个是大学老师，还有一个是大学教授，他们在一次车祸中不幸丧生了，来到阴曹地府。判官将他们叫过来说：'你们几个听着，我给你们每人出一道题，答对了就上天堂，答错了就下地狱。'学生一看自己辈分最小，懂的知识最少，心想还是我来吧，于是说道：'判官大人，我只是一个涉世不深的学生，还请您口下留情。'判官'嗯'了一声，'请听题——20世纪初，有一艘大船撞到冰山沉到海底，这艘大船的名字叫什么?'学生假装想了想，回答说：'铁达尼。'判官大喜：'正确，上天堂。'大学老师走上来说：'判官大人，我是一名大学老师，才疏学浅，还望您多指教。'判官说：'请听题——在这次海难中大约有多少人遇难?'大学老师想了想：'大约有1500人遇难。'判官大喜：'正确，上天堂。'教授一看这么简单的问题，一拍胸脯走了过来，对着判官说：'我是一名教授，无所不知，无所不晓，你呀，就随便问问题吧!'判官斜了他一眼：'听题——你把这1500人的名字背诵一遍。'教授顿时傻了眼。判官大喝一声：'下地狱。'本来教授学识最渊博，但不谦虚，最终下了地狱。今天，我就给大家讲一下'满招损，谦受益'的话题。"

像以上这样的开头，很容易在短时间内引起大家注意。

7. 即兴开头

即兴开头，就是根据现场的突发情况来应变的一种开头方法。

有一次，我去参加一个学校的毕业典礼。人家校长很热情地向他的学生介绍我：

"同学们，在我们即将离开母校之际，我们从百思当众讲话机构邀请到了首席讲师胡老师给我们作精彩演讲，掌声有请。"

我大踏步来到讲台，对着即将毕业的同学用十分洪亮的声音讲话："同学们，大家好!""好"字还没说完，不知什么原因，全场的灯全灭了。我准备了一个很好的赞美式开头派不上用场了。我灵机一

动计上心头，"同学们，大家虽然毕业了，但一定坚持学习，否则，前途一片就会像现在这样黑暗。"刚讲完，灯"唰"地一下全亮了。我呢，接着讲话。刚讲到高潮，这灯"唰"地又灭了。这怎么办？我灵机又一动，"同学们，听胡老师的课程一定从头听到尾，善始善终。否则，前途会像现在这样黑暗。"话音刚落，灯又亮了。我心里想，千万不要再灭了。还好，灯再也没灭过。后来，才知道楼上有人搞装修，超负荷用电造成的。

处置突发事件的能力，往往会反映一个人的讲话实力，就在于将现场突发事件与讲话主题结合起来。以上我给大家介绍了7种当众讲话的开头方法。希望大家在今后的实践中要多用多总结。

当众讲话常用的结尾技巧

结尾是与开头相呼应的，所以，下面我给大家讲解结尾的常用技巧。

常用的结尾技巧包括总结归纳式结尾、承上启下式结尾、希望式结尾和欲说还休式结尾、首尾呼应式结尾5种形式。

1. 总结归纳式结尾

又叫总结性结尾、总括性结尾、归纳结尾、归纳全文法，这种方式就是在结尾处，对全文的内容作总结，也就是对主体内容进行总结概括。比如："各位学员，今天我给大家讲解了开头与结尾的技术，其中，开头的方法有7种，结尾的方法有5种。大家要重点掌握赞美式和故事开头的方法以及总结归纳式和感谢式的结尾方法。"

2. 承上启下式结尾

是通过合理设置悬念问题，巧妙地将上面的内容和下面的内容衔接起来，真正起到了承上启下的作用。比如："今天我给大家讲解了开头与结尾的方法，下节课我给大家讲解的主题是如何提高口语表达能力。"

3. 希望式结尾

就是在结束时，针对全篇文章的主题，讲出演讲者自己的内心希望或愿望，作为结尾的方法。即在演讲的结尾处提出希望，抒发感情。比如："今天我就讲到这里，希望大家回到工作中要多实践，多运用，并不断总结，提高讲话能力就会指日可待。"

4. 欲说还休式结尾

这是一种欲言又止的含蓄结尾法。美国的一位演讲家说过：演讲最好在听众兴趣到高潮时果断收束，未尽时戛然而止。他的话是有道理的，因为演讲在处于高潮的时候，听众大脑皮层高度兴奋，情绪和能力都由此达到最佳状态，如果在这种状态中突然收束，那么保留在听众大脑中的印象就特别深刻。比如，一位中年妇女在竞聘居委会主任时，结尾用了这样两句话："最后，我也不想再表白什么了，天地之间有杆秤，那秤砣就是老百姓，我相信大家的眼睛。谢谢！"（热烈掌声）她在讲完构想之后既没有表决心，也未发号召，而是以虚代实，用一两句话突然煞住，如快刀斩乱麻，干脆利落。情绪和节奏之快让听众始料未及，心里不由一震，于是一个良好的印象就在大家心里定格了，很是耐人寻味。

5. 首尾呼应式结尾

最好的结尾是怎样的呢？记住：你怎样开头，就怎样结尾；从哪里开始，就从哪里结束，这就是首尾呼应式结尾。比如，以一个故事开头，再以一个故事结尾；以一句名言开始，再以一句名言结尾。以一个字开头，再以一个字结尾。这样的结尾方法是最好的。

旨在首尾呼应的演讲结尾，可以使整个演讲显得结构严谨，通篇浑然

一体，从而给听众留下完整而深刻的印象。比如，在莎士比亚的名著《恺撒大帝》一剧里，伯鲁特斯对市民演讲他刺死好友恺撒全是为国为民的结尾，就用了总结全篇、首尾呼应的方法：

"临了，我要告诉诸君一声：因为罗马帝国，我不得不刺杀我的好友恺撒，刺死恺撒的便是我，便是这把短剑。假使他日我的行动和恺撒一般，请诸君就用这把短剑来刺我吧！要是大家的行为也有和恺撒一样的，那么这把短剑，终是不肯饶过你的。请诸君认清这把短剑，请诸君认清卖国贼，认清爱国的好汉。"

这种首尾呼应的结尾方式，结尾中提到的事实虽然基本上是在重复已讲过的话，但因强调和突出了中心、重点和主旨，强化了印象，因此，演讲所发出的信息最大限度地进入了听众的心灵。

第九章 当众讲话的"万能"结构——黄金三点论

大家说，自然界中哪种动物的组织架构是最完美、最科学的，答案可能很多，但是我告诉大家：那就是人。有头，有尾，有上肢，还有下肢。以女人为例，什么样的女人叫美女？一是脸蛋漂亮，二是身材火辣。讲话开场白，好比一个人的头。那么讲话的结构是怎样的呢？讲话的结构就像美女的身材，比例是很重要的指标。这里给大家详细介绍一下演讲的黄金三点论，这种讲话结构可以让你独步天下。

中国传统文化中"三"的深刻文化内涵

演讲的黄金三点论的理论依据是"三"，我们一起来看一下中国传统文化中蕴含的"三"的文化底蕴。

1. 三画卦象，即《易经》中八卦的卦象是三画

《易经》里的六十四卦，每个卦象都是六画，但是为什么《易经》的卦象是三画为卦，而不是六画为卦呢？我们很自然地把三画卦变成六画卦，然后有人就开始想挑战这个"三"，觉得"三"不如"六"，要"六六大顺"才好。幸好我们的祖先还是有比较聪明的人，认为那样的想法不对，并指出六就是两个三，所以我们后来把它叫作重卦，并没有叫六画卦。八个三画卦两两相重，就是六十四卦，这一切都是自然产生的。例

如，我们把坎卦和离卦合在一起，就可组合成两个六画卦：离在下坎在上是既济卦，坎在下离在上就是未济卦。我们将八个三画卦两两相重，就是现在的六十四卦，所以六十四卦叫满卦，"六十四"就是满数。

2. "数始于一，终于十，成于三"

《史记·律书》中说："数始于一，终于十，成于三。"这句话可以理解为"十有三"，就是有十也有三，三是成数，而十是终数，也就是有成有终的意思，这就是"十有三"。

3. "道生一，一生二，二生三，三生万物"

在古代，"三"的繁体字"叁"又通于"参"，"参"就是"参与"，即第三者参与到矛盾双方之中来，对矛盾双方进行调和、沟通和转化工作。认为三是自然之始，是万物之源。《道德经》中"道生一，一生二，二生三，三生万物"的"三"，强调了由两个对立的方面相互矛盾冲突所产生的第三者，进而生成万物。

4. "事不过三"

"事不过三"源自春秋战国时期"一鼓作气，再而衰，三而竭"的典故，用来警告人不要同样的错误一犯再犯，"三衰而竭"更是有两国交战的历史典故撑腰。一般事物的发展变化都有其内在的规律，除了事不过三，还有"富不过三代"之说，其实这里的"三"都是虚指，不是指真正的三个或是三件。事不过三是指一个人他所遭遇的好事或是坏事，不会超越一定的数量，它终究会向相反的方向发展。所以世界才会阴阳协调，和谐统一。

5. 历史典故

关于"三"的历史典故有很多，其中"四大名著"中多有相关故事，如《三国演义》中的"三顾茅庐"、《西游记》中的"三打白骨精"、《水浒传》中的"三打祝家庄"、《红楼梦》中的"刘姥姥三进大观园"等。

6. 关于礼节

作为礼仪之邦，中国历来讲究礼节。比如 1912 年颁布的礼制，"三鞠躬"为三次弯身致敬，为最敬之礼节。例如在丧事礼仪中，前来吊唁的人就越此礼：一鞠躬，敬畏天地；二鞠躬，哀悼死者；三鞠躬，抚慰家属。礼成，家属还礼也做三鞠躬。

7. 三角形

用现代的科学观点来看，三是一个稳定的数字，三角形是最稳定的图形，四边形及其他多边形就没有这样的稳定性。

8. 时间中的"三"

"三"是个奇特的时间节点，在生活中，无论是微观的昼夜更迭，还是宏观的年轮拓展；无论是具象的一日三餐，还是抽象的命运轮转，都和"三"有着千丝万缕的联系。例如，时间方面的三个指向就是过去、现在和将来；昨天、今天和明天；一天可以分为上午、下午和晚上。

9. 方位中的"三"

方位方面也有"三"的含义，比如上中下、左中右、前中后等。

10. 伟人案例

伟人中用到"三"的很多，以我国为例，有孙中山的"三民主义"，毛泽东的"三大纪律八项注意""三大政治工作原则"，邓小平的"三步走"，江泽民的"三个代表"等。

11. 现代心理学理论

现代心理学认为，人们对讲话的前三点印象最深刻。其实这与人的第一印象效应有关。第一印象效应是指最初接触到的信息所形成的印象对我们以后的行为活动和评价的影响。而在讲话过程中，最初接触到的信息大都集中在前三点，所以人们对讲话的所说的前三点表现出特别的关注。

从以上列举的事实和分析可以看出，黄金三点论的"三"，其实是传承了中国传统文化的一种方式。

"黄金三点论"定义的独到解读

各位朋友，当我们看到三点论的时候都想些什么呢？是让我们针对某一话题或某一问题只讲三点吗？万一讲不完那怎么办呢？还有很多很多的问题。

所谓黄金三点论，就是将我们要讲的话高度概括和归纳，用清晰的条理讲出来，不是让我们只讲三句话，而是主体部分不超过三层意思。

黄金三点论的具体表现，可以通过下列五种形式来解读。

1. 一／一／一

这种形式指的是，第一层意思讲一点，即第一个"一"；第二层意思讲一点，即第二个"一"；第三层意思讲一点，即第三个"一"。

2. 一／二／0

这种形式指的是，第一层意思讲一点，即排在前面的"一"；第二层意思讲两点，即排在中间的"二"；第三层意思不讲，即排在后面的"0"。这也是典型的三点论。

3. 三/0/0

这种形式指的是，一个主题，即排在前面的"一"所包含的主题，加上后面的两个"0"，表示分三点讲完。

4. 一/二/一

这种形式指的是，第一层意思讲一点，即排在前面的"一"；第二层意思讲两点，即排在中间的"二"；第三层意思讲一点，即排在后面的"一"。

5. 二/一/二

这种形式指的是，第一层意思讲两点，即排在前面的"二"；第二层意思讲一点，即排在中间的"一"；第三层意思讲两点，即排在后面的"二"。

提示

演讲"黄金三点论"要求，最少讲一层，最多不超过三层，一般总数不超过六点。

演讲"黄金三点论"的实践

演讲"黄金三点论"的实践要注重 4 个方面的问题：题解结构、时间顺序、方位结构、先后顺序。

1. 题解结构

包括提出问题、分析问题和解决问题。

例如，习近平总书记的讲话都有非常鲜明的问题指向，都是针对改革

来提出问题、分析问题和解决问题的。这方面的例子无须特别列举，只要关注一下时下习近平总书记在公众场合的讲话就看得出来。

2. 时间顺序

包括过去、现在和将来。

国务院总理每年在中央召开的"两会"上所作的《政府工作报告》，都有回顾过去、分析现在、面向未来的内容。

3. 方位结构

包括左侧、前方和右侧。例如，有一个讲话中这样说："下面我把地形情况向各位领导介绍一下……先说我们的左侧是一号高地……再说我们正前方是二号高地……最后说我们的右侧是三号高地……"

4. 先后顺序

包括第一、第二、第三和首先、其次、最后等。在具体的讲话过程中，主讲人常常通过"第一、第二、第三"或"首先、其次、最后"，向听众展示了清晰的内容脉络，具有很强的逻辑力量。

演讲"黄金三点论"的运用与点评

下面，就让我们通过几个实例，来看看黄金三点论在演讲中是如何体现的吧！

情景介绍：

王总是寰宇集团公司珠海分公司的总经理，由于工作突出，能力出众，被提拔为总部副总经理。李经理是王总的得力干将，被任命为珠海分部总经理，在王总上任之前，李经理召开了隆重的欢送会。王总和新上任的李经理发表了讲话。

李经理在讲话中说：

各位同事：

大家好！

我要告诉大家一个好消息，我们尊敬的王总被总部任命为副总经理，为此，我代表公司全体员工对王总表示热烈地祝贺！同时，我的心情也非常沉重，因为王总再也不能像以前那样与我们朝夕相处了。

三年来，我们公司在王总的领导下，从一个名不见经传的小公司发展成为今天驰名珠海的知名公司，在全国各地分公司中我们的销售业绩名列前茅；公司的员工从三年前的不足10名发展到今天的128人，昔日的新员工成为今天公司的骨干，昔日的主管成为今天公司的高层领导……一切成绩的取得，都离不开王总的精心付出和超凡的智慧。

千言万语道不尽心中的惜别之情，万语千言汇成一句话：王总，珍重！虽然你离开了我们，但我们的心永远和你在一起，希望王总经常回来看一看、坐一坐。下面让我们以最热烈的掌声欢迎我们尊敬的王总讲话！

点评

李经理讲话满含深情，采用了"祝贺、怀旧、希望"这样三点论的表现形式。讲话内容虽然较长，但是又不觉得冗长和烦琐。

王总经理在讲话中说：

各位同事：

由于工作的需要，我即将到广州工作了，说句心里话：很舍不得大家。离别之际我讲三句话：

第一句，衷心感谢大家一直以来对我工作的支持和帮助；

第二句，希望大家在李经理的领导下继续把珠海的工作做好；

第三句，我虽然到广州工作了，但我的心永远和大家在一起。

讲完了，谢谢大家！

点评

老总就是老总，讲话精练，三点论用得真好，高度概括、高度总结了自己的讲话内容。

王总经理讲完后，李经理接着说：

各位同事：

我们衷心感谢王总刚才所发表的满含深情的讲话；衷心感谢他为我们珠海分公司做出的突出贡献；衷心感谢他对我们新的领导班子给予的支持和帮助。在这里我代表公司全体员工对王总致以崇高的敬意！下面请员工代表讲话！

点评

李经理的讲话真的很有进步，大家看下这个讲话很像一个人，像谁？对了，像胡总。看来李经理没有白白来百思学习。

员工代表在讲话中说：

尊敬的王总，李经理以及同事们：

大家好！

此时此刻我的心情很激动也很沉重，我要讲的有以下几句话：

第一句话，我们所有员工真舍不得让王总走，我们永远忘不了王总在工作上对我们的指导和帮助，在生活上对我们无微不至的关怀。（惜别之情）

第二句话，请王总放心，我们所有员工会在李经理的领导下继续努力工作，把公司的事做好。（表决心）

第三句话，借用李经理一句话，虽然今后我们不能一起工作，但我们的心永远和您在一起。祝愿王总工作顺利，明天更美好！（祝福）

谢谢大家！

点评

作为员工，能在欢送会上做出如此高水平的讲话，大家说，他的前程会怎么样。三点论用得好，把对王总惜别之情体现得淋漓尽致，把决心表达得让人振奋，把对王总的祝福体现得那么真挚。

第十章 三性两化——当众讲话的"点睛术"

好的讲话有三个标准：一是听得进，二是记得牢，三是帮助大。我们先思考一个问题，我们怎么讲话才能让人听得进，记得牢呢？大家想一想，为何有的人讲话我们能够听得进，记得牢？为何有的人讲话我们听不进，记不牢呢？我们怎么解决这些当众讲话中的棘手问题呢？

何谓"三性"

所谓"三性"，指的是概括性、条理性和针对性。

1. 概括性

即把我们要讲的内容进行高度归纳和总结，便于听众记得牢；即讲话要简明扼要，提纲挈领。

一是讲话内容短语化，即把我们要讲的话概括为几句话。比如下面这个例子。

就如何练好口才而言，我讲三点感悟：一是要选对机构；二是要跟对老师；三是要坚持到底。

一是要选对机构，这是重中之重。参加集训固然是口才学习的最好办法，但如果你选不对，可就有点麻烦了，要知道口才培训机构的老师"口才"基本都还不错！全国各地口才培训机构层出不穷，刚刚成立的小机构就喊称中国第一、亚洲第一、华人第一，不过从这一点来看，这"口才"多好，不要相信能在三天里让你彻底改变的言论，建议你从寻找途径、主讲老师的培训经验、该机构网站的注册时间、看主讲老师视频，以及该机构的后续服务等几个方面去考察。

二是要跟对老师。练口才不仅要刻苦，还要掌握一定的方法。而老师就是掌握这些方法的人。所以，学好口才，跟对老师很重要。老师告诉你的科学的练习方法，可以使你事半功倍，加速你口才的形成。只要选择最适合自己的方法，加上持之以恒的刻苦训练，那么你就会在通向"口才家"的大道上迅速成长起来。

三是要坚持到底。真正获得口才的人，一定是百折不挠、坚持到底的人。请大家相信这一点，好口才是练出来的，只要有心就能坚持到底。口才的训练并不是一朝一夕的事情，只有坚持到最后才可以练就好口才，我们应该抓住任何可以练口才的机会，练习上台的胆量，同时可以积累上台说话的经验，发现不足并立刻总结改进。相信有朝一日你也可以出口成章，讲话如行云流水！

大凡在百思口才学习好的同学，基本符合这三条。相信你也不例外。

二是讲话内容词语化，即把我们要讲的话，概括为几个词。比如下面这个例子。

在百思口才学习期间，我的收获超乎想象，用三个词来概括一下：

一是感慨，与百思相见恨晚；

二是感动，感动于老师的敬业、同学们的热情；

三是感受"三大"，即学习收获大，个人进步大，讲话变化大。

三是讲话内容文字化，即把我们要讲的话，概括为几个字。我们来看在第58届"百思杯"演讲比赛中对参赛学员的点评。

各位学友：

大家上午好！

今天在这里举行"百思杯"第58届演讲比赛，首先感谢大家的积极参与，感谢组委会的辛勤付出！下面我把各位参赛选手的表现情况来点评一下：

一是新。本次比赛涌现了很多新面孔，可谓新人辈出；采用了很多新题材，创作了一批新作品。从新的角度，阐释了真理，弘扬了真善美。这是我们百思口才机构的新希望！

二是高。本届比赛组织水平高，选手的表演水平高，一些新选手表现出了很高的水平，我看到我们百思口才机构的演讲事业人才辈出，前景大好。

三是精。本届参赛作品，在细节上精雕细琢，精益求精，精品很多。大家花费了很大的精力！

希望大家，戒骄戒躁，继续努力！谢谢大家！

四是讲话内容数字化，即把讲话内容用数字方式进行概括。其形式有以下两种：

第一，"序数词+量词+名字或形容词"的形式。

比如，"一个中心、两个基本点""三个代表""三大纪律，三大战役""四项基本原则""三大工作作风""十大军事思想"，等等。

例如，"三个代表"是由原中共中央总书记江泽民同志在2001年7月1日作了很多解释的当前时期中国共产党指导思想的简略说法。即"始终代表中国先进社会生产力的发展要求；始终代表中国先进文化的前进方向；始终代表中国最广大人民的根本利益"。

第二，"序数词+名词或形容词"的形式。

比如，"三高""三大""五讲四美三热爱""三好"，等等。再比如，我在教学中把上台的要领概括为"一看、二笑、三点头、四开口"。

一看：我们上台讲话的时候，不要急于开口讲话，先要和大家做目光交流。

二笑：我们和观众做目光交流不能太过严肃，要求大家面对微笑。这样感觉你很平易近人。

三点头：通过上面的"一看、二笑"，下面的会有掌声和笑声，我们一定要点头来回应。

四开口：有了上面三步，我们开口讲话就有了基础，一开口便可以语惊四座了。

五是讲话内容成语化，即把要讲的话概括为一个成语。比如百思学员谈成功的话题。

各位朋友，各位来宾：

大家好！关于成功的话题我和各位一样听过很多，我总结为四个字——异想天开。

异，必须有自己独到的核心竞争力。

想，要有明确的目标和伟大的梦想。要成功就要敢想，敢想敢干。

天，天行健，君子以自强不息。行动起来像老天那样永不停息。

开，敞开心怀，接受优秀的人、优秀的文化、优秀的做法。

分享完毕，谢谢大家！

再比如，我在一次讲座的时候，把开场白用这种方法设计，结果效果好得惊人。

各位朋友：

大家好！

大家一定想知道我对××公司的印象，可以概括为四个字——

"老气横秋"。哇，大家听完了，眼睛瞪得很大。我接着说：

"老，老字号，××公司成立时间久；

气，××公司规模宏大，气势恢宏；

横，××公司横向和同类公司比较算得上佼佼者；

秋，一日不登录××公司网站，我是如隔三秋。"

大家听完，顿时响起了雷鸣般的掌声。效果真好！

又比如，在百思口才培训机构举办的商界精英公众讲话研修营中，有个学员这样谈自己的学习感受：

尊敬的胡老师，各位亲爱的学友：

大家好！为期四天三夜的公众讲话培训即将结束，我收获很大，首先，我代表我们所有的学员对胡老师的精彩讲座，精心指导表示衷心的感谢！我的感受可以用八个字来概括——百感交集，触目惊心。

百：每当我遇到当众讲话的时候我就好比百爪挠心，生不如死，所以我来到了百思口才培训机构跟胡老师学习，实践证明，百思口才培训机构不愧是百里挑一的国内最权威、最专业、最具影响力的口才培训机构。

感：四天时间，我很感动，胡老师的敬业精神和专业素养不愧是国内当之无愧的口才界泰斗。百思口才培训机构的工作人员几天以来默默无闻为我们提供服务。各位学友，一起陪伴我度过这难忘的时光。我感受很多，几天以来我不仅收获了公众讲话方法技巧，还收获了为人处世的方法和技巧，这是我的意外收获，更收获了良师益友。我很感慨，如果我能早点来参加百思口才培训机构的课程，可能我现在的事业会做得更大、更强。

交：这几天，胡老师交给我们太多太多的东西。懂得如何交换，才能把自己的价值更大化；懂得如何交流，交流才能交心，交心才能交易；懂得如何交友，交什么样的朋友加入什么样的圈子，业余时间和谁一起决定我们的前程；懂得如何交谈，才能让人接受我们。通过几天来和老师的交流，和同学们交流，让我内心豁然开朗了许多。

集：是百思口才培训机构的好口碑，是胡老师的人格魅力把我们69名素不相识的人汇集在百思口才培训机构的大教室里。在这里集思广益，集中四天的时间进行学习，我对前程更加充满信心了。

触：这几天我接触了全国最权威的最一流的口才教练——公众讲话培训专家胡老师；我接触了最系统、最完善的公众讲话培训课程；我接触了当今国内最先进的口才训练理念，让我耳目一新。

目：可以讲这几天我是开了眼界，见识了胡老师的口才魅力、演讲魅力，特别是人格魅力；见识了什么是专业的当众讲话；见识了大家积极上进、勤奋好学，各位学友，我看到了大家刻苦训练。

惊：让我吃惊的是，几天下来胡老师的嗓子居然一点也不哑，几天下来居然精神一直那么好。让我吃惊的是，上课的时候各位学友没有一个上厕所，没有一个交头接耳，没有一个迟到和早退。

心：胡老师说修心是练好口才之根本。只有心正了，心静了，心净了，才能真正练好口才，我在以后的日子里，会时时记住老师的教导。

我用一句话结尾：今天我以百思为荣，明天百思以我为荣！

谢谢大家！

点评

这个学员是那次培训班上的班长，这段讲话整体很规范，基本符合我上面讲的要求，把自己的讲话内容归纳成了两个成语，而后分别展开，紧密结合这次培训。针对性强，很妥当，也很精彩。希望这篇范文为大家的学习起到抛砖引玉和举一反三的作用。

六是讲话内容幽默化，即把讲话内容用很幽默的手法体现出来。

实现概括性的第四个方法是结合幽默因素，这种方法效果更佳。比

如，在百思口才培训机构公众讲话初级班上，有一个学员谈学习心得。

尊敬的胡老师、各位学友：

大家好！

首先，感谢胡老师对我们的精心指导，感谢各位学友一直以来的陪伴和鼓励。感谢百思的工作人员默默无闻的付出。（深深鞠躬）

我今天的感受有4点。

1. 一个字——"好"。

胡老师讲课好，生动形象，让我们在开心的笑声中就能学到东西。我爱听，所以非常喜欢来百思上课。我一定按老师的要求练习，坚持来百思上课100次。

2. 两个字——"很好"。

各位学友学习精神很好，勤奋好学，对我是一种鞭策；我和各位学友相处很好，彼此鼓励，彼此促进，所以我进步很快，对我更是一种促进。

3. 三个字——"非常好"。

老师教得非常好，大家学得非常好，练得非常好，用得非常好。

4. 第四点讲完了。

谢谢！

大家听完了，哈哈大笑，取得了很好的效果！

点评

这段讲话既能表达自己的意思又能让大家开怀大笑，幽默风趣。注意，这种讲话适合不是很严肃的场合。

又比如，股神巴菲特邀请50位全球亿万富豪共进晚餐，条件是每人要付出50万美元。结果参加这次晚宴的70%富豪来自中国，巴菲特给这些富豪讲什么了呢？下面我们一起欣赏一下。

各位朋友：

大家好！

投资很简单，送大家 3 句话：

1. 要投资就不要投赔钱的项目。

2. 要投资就投资赚钱的项目。

3. 如果还不懂，请参照前两点。

谢谢！

大家眼睛瞪得很大，完了？难道我们几十万美元就学这几句话？

👆点评 ···

好幽默，你又不能说他说得不对，你说他说了，好像什么也没有说；你说他没说，好像又说了什么。

2. 条理性

即讲话的逻辑思维的再现；讲话要思路清晰，结构明了。

所谓条理性，就是你要告诉别人什么事情，把来龙去脉说清楚就行了，与此无关的就不必要说。要使讲话易被听众听清、听懂，就要条理清楚、层次分明，否则，所讲内容虽丰富、深刻，但散乱如麻，缺乏逻辑性，亦会影响讲话效果。

我们在讲话中最常见的毛病就是言之无序，具体表现就是：颠三倒四、丢三落四、前后矛盾、主次不分、没有重点、啰里啰唆、没有条理。如何让我们的讲话能够条理清晰、主次分明、重点突出呢？最主要的就是我们的思维要清晰，要有逻辑性。"黄金三点论"的方法，能够使你迅速组织思维，组织词语，它可以起到三个方面的作用：一是快速简便，二是系统逻辑，三是清晰条理。

其实，我们在讲话过程中经常活学活用"黄金三点论"，其作用非常大，这里介绍一些我们经常用的话术，大家可以记住，活学活用："我发

表三个见解……""我就三个方面谈一下自己的心得……""我讲三个事例……""我就产品、市场和服务三个方面进行阐述……",等等。运用"黄金三点论",可以让我们边想边讲,边讲边想,有助于我们组织语言,避免思维混乱的情况发生。

每个人说话时都必须有逻辑性。首先有一个大背景,即你说话的立场,这个立场是要绝对坚定的,谈话中绝对不动摇。在提炼到提问话者提问的真正意图后,进行判断,是否提问者表达的意思与自己所持的立场有不同。不同,则要表明自己的立场,进行逻辑推理,向对方说出道理;同时,注意一下你所持的立场的性质边界上的细则便可。

现总结一下,请大家注意以下三点内容:第一,说话之前要打腹稿,列出自己想说什么,这段话要说明什么。为了说清这个问题,要说几点,每点要讲什么?刚开始可能需要写下来练习,不断重复的同时记忆补充;第二,如果脱稿,刚开始可以少说,把意思表达清楚即可,慢慢随着条理性增强多说。第三,多读些演讲、传记、逻辑学类书籍加以借鉴、丰富阅历。

实现说话条理性有以下三个有效的方法:

一是注意讲话的次序。按照次序讲话,就必然会产生条理性。次序包括时间、地点、方位、流程、发展、历史、结构、因果关系等方面。

二是学会分类表述。按事物或事件和内容的所属性质进行分类演讲,按类别去演讲,同样可以让讲话内容非常具有条理性。比如,同样谈深圳的印象,可以分类来谈:按区域来分,对深圳南山区是什么印象,对福田区是什么印象,对宝安区是什么印象等;按天地人来分,对深圳的气候是什么样的印象,对深圳的绿化是什么样的印象,对深圳的人是什么样的印象等;按发展来分,对深圳经济方面是什么印象,对深圳的文化是什么印象,对深圳的城市建设是什么印象等。

三是运用数字来表达。运用数字"1、2、3"或是"第一、第二、第三"等来表达,这样更加一目了然,给别人的感觉就显得非常具有条理性。有时讲话的内容并不具备层次感，但只要我们加上了数字来表达，别人听起来就非常有条理性，这是一种似是而非的技巧，效果非常显著。

提示

　　要实现条理性，说话前，要想好自己说话达到几个目的，并在说话中一一落实；答话时，要清楚自己的立场，并坚持。

3. 针对性

　　直指利害，专打软肋，一剑封喉的讲话艺术。

　　所谓针对性，就是了解听众，针对听众的需求特点来讲话，有针对性地讲话。演讲主题应是听众众所周知的问题，要注意听众的年龄、身份、文化程度等。同时，演讲还要注意环境气氛，既要注意当时的时代气氛，又要了解演讲的具体场合：是庄严的会议或重大集会，还是同志间的座谈和讨论问题？是欢迎国宾，还是一般的友人聚会？不同的场合，演讲有不同的内容、不同的讲法。这就是演讲的针对性。

　　演讲有针对性，切忌在网上或在别的书上乱抄一两篇或是把几篇稿合成，到时候拿到台上乱读一次就以为搞定。每一个岗位或每一个部门都自有它的独特情况。举例来说，如银行的客户经理职位，可能××银行广州市天河区的跟南海市的某个支行的实际市场情况是不同的，可能南海市那边的国际业务独占鳌头，但可能广州市某区的却一败涂地。因此，演说中可提出对此项业务的对策，在回答提问中应准备好应对此类问题。

　　演讲是一种社会活动，是用于公众场合的宣传形式。它为了以思想、感情、事例和理论来晓谕听众，打动听众，"征服"群众，因此，必须要有现实的针对性。

何谓"两化"

所谓"两化"，指的是具体化和形象化。

1. 具体化

即讲话内容不要笼统，要有血有肉有深度，要深入具体的事、具体的时间、具体的人、具体的数字。

对于具体化问题，怎样使讲话具体化？美国成人教育专家戴尔·卡耐基谈了几点经验。

（1）根据单一的个人经验举例子

这种事件式的例子，若是根据曾对你的生活造成戏剧性冲击力的单一事件而建立，便会格外具有效力。事情的发生或许不超过几秒钟，可是在那短短的一刹那，你已学到了难忘的一课。

有一个例子，讲演者惨痛的经验是有关一个孩子和一台翻覆的电动剪草机。那个事件鲜明地刻在听众的脑海中，有个听众每遇到孩子们在电动剪草机附近徘徊时，就会自然地提高警觉。有个人把所有装着毒药的瓶子都置放于孩子拿不到的地方。而促成这个行动的是一场演讲，一位母亲详述自己发狂地发觉自己的孩子昏迷在浴室里，手中抓着一瓶毒药。一件曾经教导你永远不忘的教训的个人经验，是说服性演说必备的第一要件。利用这种事件，就可以打动听众去行动。因为听众会这样推理，如若你会遭遇到，他们便也可能遭遇到，那么最好是听你的劝告，做你要他们做的事。

（2）一开口便举出事例中的一个细节

所以要把举例作为讲演的第一步，原因之一就是要用这种具体化的演讲立即抓住听众的注意力。有些演说者未能一张口便获得注意，多是由于开讲的字句只是些陈词滥调，或支离破碎的道歉，那是不为听众感兴趣的。请记住这一句忠告：就从你的事例中间开始，便能立即吸引听众的注意力。

卡耐基提供的一些开场的句子，很能吸引听众的注意。例如："1942年，我发现自己躺在医院里的病床上""昨天早饭时，内人正在倒咖啡……""去年七月，当我快速驾车下 42 号公路时……""突然我办公室的门打开了，我们的领班查理·范闯了进来""我正在湖中央钓鱼，抬头看到一艘马达船正朝我快速开来。"如果再开口讲话，使用的字句便回答了以下各问题之一：何人？何时？何地？何事？何故？这样你便在使用世上最古老的获取注意力的沟通方式。

（3）应当使事例充满切题的细节

细节本身不具有趣味性。到处散置着家具和古董的房间不会好看，一幅图画上满是不相关的细物，也不能让眼睛在它上头徘徊留恋。同样地，大多的无关紧要的细节也会使得交谈和当众演说成为无聊的耐力试验。在演讲中，应当只选用强调你的演讲重点和缘由的细节。倘若要告诉听众，在长途旅行前，应先检查车辆，那么你的事例中的所有细节，都应该是关于你在旅行前事先检查车辆所发生的事情。假使你谈的是如何观赏风景，或抵达目的地后在何处过夜，就只会掩蔽了重点，分散了注意。可是，将切题的细节隐藏于具体而光彩灿烂的言语中，却是至佳方法。可依其发生情况，重造当时情景，使其历历如画般展现于听众面前。只说你从前曾因疏忽而发生意外，是拙劣的、无趣的，很难叫他们小心驾车。可是，把自己惊心动魄的经验绘成字画，使用各式各样的感觉辞藻，必能把这件事刻画在听众的意识里。

举例来说，这里只是一个学生进行举例的方式，它深切地指出，在冬天冰封的路上应该特别小心。

1949 年，就在圣诞节前的一天早上，我在印第安纳州 41 号公路上往北驶，车中有内人和两个孩子。我们沿着一片平滑如镜的冰路缓

行了数小时，稍稍触及驾驶盘，便使我的福特车后部滑出老远。时间一小时一小时爬得像汽车一样慢。我们来到一处开阔的转弯处。这儿的冰雪已为太阳所融化，所以我就踩上加速器，想弥补失去的时间。其他的车子也一样，大家似乎都一片匆忙，要第一个到达芝加哥。当危险的紧张消退了，孩子们也开始在后座唱起歌来。道路突然变为上坡，并进入一处森林地带。当汽车急驰到路顶时，我发现北边的山坡未经阳光照射，就如同一条光滑的冰河，但太迟了。我瞥见在我们前面的两辆汽车猛烈地倾向一侧，接着我们便打滑冲了出去。我们飞过路面，完全失去控制，然后落在雪地里，一直跟在我们后面的那辆车子，也滑了出来，冲向我们汽车的侧面，撞上车门，落了我们一身碎玻璃。

这个事例的丰富细节使听众很容易将自己投射于故事中。总之，你的目的是要听众看到你原先所看到的，听到你原先所听到的，感觉你原先所感觉到的。唯一可能达到这种效果的方法，就是采用丰富的具体细节。

（4）应注意叙述时务必使自己经验与教训再现于听众，使听众产生有具体收获的感觉

演讲者应当使自己描述的经验再现出来，这是演讲与它的姊妹业"表演"相近的地方。所有的大演说家都会有一种戏剧感，然而，这并非一种稀罕的、只能在雄辩家身上找到的特质。孩童们大多有这种丰富的戏剧感，我们所认识的许多人都有天赋的戏剧感，富于面部表情，善于模仿或做手势，它至少是这种无价的戏剧能力的一部分。我们多数人都有某种这样的技巧，只要稍加努力和练习，便能取得很好的效果。

（5）所强调的好处应由所举的事例带出

如果叙述自己买旧车省钱的经验，然后又劝听众买二手车，就应该在缘由中强调，他们买二手车也可享受到经济的好处，切不可偏离事例，如告诉听众有些旧车的样式比最近的汽车好等。有时你也许辛苦了半天，结果仍无法把自己的意思解释清楚。这件事你自己明白得很，可是要使听众也一样对它明白，就需做深入的解释。怎么办？试试把它与听众确实了解的事情相比较，说这一件事就像另一件事，说这件陌生的事像听众所熟悉的事。

2. 形象化

对于形象化问题，有的人演讲，叙事清楚，语句也通顺，但往往不能给听众留下深刻的印象。这是为什么呢？语言缺乏形象化是原因之一。运用形象化语言，可以让你的口才不同凡响。

形象生动的语言，能够准确形象地阐释真理，栩栩如生地描述事物，能够激发听众投身实践的热情，使演讲产生强大的说服力。全国政协前任主席李瑞环，他的演讲听众十分爱听，效果也很好，主要原因之一就是他很注重演讲语言的形象化。那么，他是如何做到演讲语言形象化的呢？

第一，有时候我们在演讲中要用到术语或抽象的概念，为了让听众听清、听懂，就需要用具体形象的诠释代替抽象的定义，把抽象的概念转化为具体可感的形象，从而把抽象的、深奥的道理形象化、浅显化，使听众容易接受并得到启示。

1997 年 6 月 29 日，李瑞环在政协第八届全国委员会常务委员会第二十一次会议闭幕会上发表讲话，在论述"质的多样性"时，他是这样讲的：

> 一块木头是什么？就是一块木头，这个回答并没有错，但它还是什么？这就要看具体情况。拿它来做家具就是原料，拿它来烧火就是燃料，拿它来挑水就是工具，拿它来和坏人斗争就是武器，拿它来行凶打劫就是凶器，拿到法庭就是证据，但还是那块木头。这就是质的多样性。

点评 ··

　　什么叫"质的多样性"？它的内涵是什么？相信对于一些理论功底不深的听众来说，要想搞清楚、弄明白这一概念，是要费很大劲的。然而演讲者用形象化语言把它具体化为"木头"，并阐述了木头在不同的情势下可以化为原料、燃料、工具、武器、凶器、证据，这种形象化的语言，一经讲出就具体、就生动，三言两语便让听众明白了一个深奥、抽象的哲学概念。

　　第二，形象化。即给听众描述一个画面，让听众身临其境；用听众熟悉的东西打比方。讲话要惟妙惟肖，栩栩如生。

　　形象化的语言就是把事物描述得绘声绘色，声色俱鲜，使读者如临其境、如闻其声、如见其人。正因如此，演讲者可以着力使用形象化的语言，为听众营造出一个逼真的视像，从而让听众产生联想，感同身受。

　　马克思在《资本论》中说："资本一来到世间，就从头到脚，每一个毛孔都滴着血和肮脏的东西。"这样就把"资本"拟人化了，使其变成了具体、可感、逼真的生活画面了。李瑞环在1988年3月谈城市协调发展时，有一句话就与此有异曲同工之妙。李瑞环说：

　　　　中国是一个巨人，只要稳步走，步子就是大的；只要不摔跤，就是了不起的成绩。最可怕的是自己折腾自己，自身先发起烧来。

点评 ··

　　这段演讲，用语虽然不多，但能够激发听众的奋进之心，也能让某些人警醒。之所以产生这样强烈的效果，是演讲者以拟人手法，形象化地给听众造成了两种视像：一是意气风发、阔步前进的巨人形象；二是"发高烧"，身心俱疲、萎靡不振的病态形象。演讲者就是用这些形象化的语言，把自己的思想准确、生动地表达出来，令听众明白哪些事可为，哪些事不可为。

从心理学上说，如果演讲者的讲述浅显易懂，生动活泼，使听众接受形象化语言的刺激后，他们就会有如临其境、如闻其声、如嗅其味、如触其物、如睹其形之感。因此，演讲者在使用形象化语言时，可以直接作用于听众的视觉、听觉、嗅觉和触觉，让语言符号代替颜色、声音、气味和形状而作用于感觉器官，从而增强语言的表现力和感染力。

在一次演讲中，李瑞环对某些人的官僚主义做法，提出了这样的批判：

> "无论事大小，认识先抓好"，这是我们的传统。现在的问题是，一些人把抓认识当成了坐而论道、不干实事的借口。他们只讲空理论不讲实道理，只讲大原则不讲真问题；"事小道理大，个小帽子高"。你急得坐立不安，他说你不懂政治。他们不分大事小事、难事易事，一律都要"找"上一帮人关门去开会，结果只听楼梯响，不见人下来，占去了很长干事的时间。

点评

这一段具体形象化的语言，不仅作用于听众的视觉器官，而且作用于听众的听觉器官。你急得坐立不安，某些人却"个小帽子高"，对你指手画脚，寥寥数语却让听众如睹其人；你急于落实，付诸行动，他却关门开大会，"只听楼梯响，不见人下来"，三言两语却让听众如闻其声。形象生动的语言，不仅勾勒出了一些人思想落后，官僚主义严重，热衷于搞形式主义的不良做法，且让听众明辨是非，激发他们投身实践、付诸行动的热情。

总之，只有形象生动的语言才能有效地对听众施加影响。我们所说的演讲语言形象化，绝不是像有些人那样，故意玩弄辞藻、炫耀文采，而那种呆滞、干瘪的语言，枯燥、乏味的语言，死板生硬的语言，是永远达不到这一目的的。

第十一章　让你的听众掌声响起来

为何有人讲话听众掌声不断，有人讲话听众昏昏欲睡？为何有人讲话高潮迭起，有人讲话平淡无奇？其实说白了，原因只有两个：一是讲话没有切中听众要害，和对方利益不相干；二是没有从听众角度去考虑，只站在自己的角度考虑。

要想让你的听众掌声响起来，首先是了解人性，了解听众兴趣点。在此基础上，按照"八言"进行演讲，并采用三大神奇技巧，可以让你的讲话高潮迭起，掌声不断。

了解人性，了解听众兴趣点

什么是人性？人先天带来的属性，没有是非对错之分。比如人有七情：喜怒哀乐爱恶欲。我们的讲话要受欢迎必须要了解，人在什么情况下高兴，在什么情况下发怒，在什么情况下悲伤？人喜欢什么，讨厌什么，想要什么，向往什么，急需什么？如果不了解这些，我们的讲话就好比无源之水、无本之木。

我们要讲好话，先要找对"点"，即听众的兴趣点、利害点、痛点、关注点、突破点……点找对了，我们才能正确地点穴——点到听众的"穴位"上。四两拨千斤，效果就是好。否则讲了很多话，费了很大力，仍无济于事。好比我们让技师按摩，好的技师给我们按摩得很舒服，就是点到位了。技术差的技师把我们按得很不爽，原因就是没有按对穴位。

那么，听众都对什么演讲话题感兴趣呢？这里重点介绍一下能够引起听众兴趣点的 8 种话题。

1. 有用的话题

即能直接解决听众生活、工作中的问题的话题。听众最为关心的是与其生活息息相关的现实问题，而对空泛的理论不感兴趣。因此，演讲话题要抓住听众，就要讲听众要听、想听的内容，比如那些能直接解决听众生活、工作中的问题的话题是听众最需要的。

2. 有利的话题

即能直接对听众产生实实在在利益、感到对自己有好处的话题。群众最关心的，无非就是涉及自己切身利益的事情。因此，凡关系到听众吃、穿、住、行等方面利益的演讲，必定会受到欢迎。当然，高明的演讲者更应该具备把间接涉及听众利益的话题，转化为与听众直接相关的话题的能力。

3. 有好处的话题

我们讲话的时候，观众往往关心你的讲话是否对自己有好处、有帮助，能否真正解决当下的问题，否则就是浪费时间。

4. 有关的话题

我们的讲话主题一定要和受众的利益、职业、生活相关，对方才感兴趣。

5. 热门话题

即针对时下人们最为关心的热点问题发表自己的观点或建议。"热门话题"是人们最关心的社会热点，最容易引起听众的心理感应，从而产生

听众效应，引起强烈反响。选择"热门"要和听众联系在一起，听众不同，"热门"不同。不同的年龄、身份、文化程度有不同的"热门"，因此演讲人要针对不同的听众选择"热门"，才会给听众以思想上的启迪。

6. 搞笑的话题

即能够带给听众愉悦情绪的话题。过于严肃沉闷而又平淡的内容，不可能取得演讲的成功。然而，若能在演讲中穿插些幽默、笑话或以娱乐性故事类为话题，就能在短时间内提起听众的兴趣，带给听众愉悦的情绪。这种话题大多用于礼仪场合和出于交际的目的。

7. 好奇的话题

如果我们讲一些观众不知道的、想知道的、充满好奇的内容，往往会短时间内吊起对方的胃口，从而快速激发对方的兴趣。

8. 反常的话题

即听起来可能有点违反常规和直觉，实则能带给听众意想不到的收获的话题。有个演讲者有一次演讲关于"科学与伪科学"的话题，说他可以使花朵在无种子、无草根的自己的手掌中开花。听众一听非常诧异，认为根本不可能。于是，这位演讲者当众演示，果如其然。这时听众才明白这是魔术。接着，这位演讲者扩大了原先"科学与伪科学"的论述，提出更多的资料，举出更多的证据，他的声音充满着真诚与诚实。事情的发展简直令人不可思议，几乎所有的听众都赞同他的观点。

上述 8 种话题直击听众的兴趣点，当我们了解了这些，那么怎么讲话才能使听众感兴趣，也就一目了然了。不妨在演讲时试试看，非常有用。

"八言"让听众对你刮目相看

我们怎么讲话才具有超级说服力、超级吸引力、超级感染力呢？我们怎么讲话才能让听众喜欢呢？我们怎么讲话才能让人信服、认可呢？我们讲什么听众才会心动呢？要想收到这样的效果，就请你照着以下的"八言"来做吧！

1. 言必契理

我们讲话要遵循真理，这里的理不是指一般的道理。真理是穿越时空，经得起考验的。比如，我们讲话时说的话，我们的观点和主张如果都很接近古今中外的著名思想家如老子、孔子、鬼谷子及释迦牟尼、耶稣讲的话，体现出先哲的思想光芒，那么结果会如何呢？结果一定会令听众感到"经典"。

2. 言皆利益

如果我们讲的话都不是关乎听众利益的内容，那么听众是不爱听的。因为每个听众听演讲的心理需要都与切身利益相关。有希望长知识的，有希望开眼界的，有希望解决实际问题的，等等。明确地说出带给听众利益的话，你就把握住了一次机会。即使听众可以自我启发，但由你说出来，就是在把听众往你预设的终点引导。这样一来，你就影响了听众的思想和决策，这才是真正发挥出了演讲的作用。

3. 言之有度

中国人说话讲究分寸，只讲该讲的话。其实这是常识性的理解，真正的"言之有度"，应该在讲究分寸的基础上更高一层。也就是说，我们讲话要有温度，让人感动；有高度，结合当前大势讲话；有深度，结合个人

具体实际讲话；有广度，讲话内容丰富多彩。如此一来，听众必然悦耳悦心，随着你一起互动，从而收到良好的演讲效果。

4. 言之有物

不仅我们讲话内容本身，要包含真理、圣贤思想、真善美的东西，我们讲话内容里面还要有听众需要的东西，也就是说，讲话内容不是我们认为有"物"，而是听众认为有"物"。

5. 言之有力

言之有力的内涵是自信、淡定、从容、潇洒、自如的定力，让听众爱听的吸引力，形象生动的感染力，让听众心动的说服力。

其中，说服力是演讲的目的。为此，演讲者需要做到：①建立可信度，②流畅、痛快和坚定地表达自己，③利用具体的证据，④利用来源可靠的资料，⑤把你的论点充分表达清楚，⑥根据证据得出结论。

6. 言之有情

没有演讲者的情感投入，就不会有听众的情感付出。没有演讲者的情感变化，也就难以激起听众的层层情感波澜。因此，讲话的时候充满真情实感，做到言之有情。成功演讲者都是情感丰富者。这种情感发自演讲者的内心，表现出爱憎分明、喜怒分辨、苦乐分界。比如做"掌握生命"的演讲，应该表现出对有人自我践踏生命的痛惜、对掌握命运强者的赞颂，用自己的情感变化、神情动作，把听众带入情感世界，从而让听众去体验百态人生、去领悟生命把握之要领。

7. 言之有礼

讲话中让听众感觉你很尊重他们，在乎他们，这就是言之有礼。为此，演讲者首先必须做到态度诚恳和亲切，才能使对方对你的说话产生表里一致的印象。同时，多用敬语、谦语和雅语，能体现出一个人的文化素养及尊重他人的良好品德。此外，无论是普通话、外语、方言，咬字要清晰，音量要适度，以听众听清楚为准，切忌大声说话；语调要平稳，尽量不用或少用语气词，使听者感到亲切自然。

8. 言之务本

要求演讲者观点正确，讲话要有根据，符合客观规律。即在确立演讲主题、意向时要符合客观规律，接近真理。要做到这一点，就要学习和掌握马克思主义和党的现行的方针、政策，不断提高自己的理论水平和政策水平。只有这样，演讲才能符合时代的需要和人民的欢迎。

"十技"让你的讲话高潮迭起，掌声不断

如何让我们的讲话有超级吸引力，真正让听众听得津津有味呢？前文我们一起学习了公众讲话课程中一个关键的技术——"三性"和"两化"，这样让听众能够听得清，记得牢。同时还要思考这样 3 个非常重要的问题：如何让我们的公众讲话更具有超强吸引力？如何让听众更喜欢听，更爱听？如何让我们的讲话高潮迭起，掌声不断呢？下面的"十技"可以帮助自己完成这个愿望。

所谓"十技"，即 10 个神奇技巧，分别是：互动；巧用对话；善用修辞；四个紧密结合；两个适当引用；以事说理，营造"画面感"；设置悬念；制造包袱；巧用道具；精神拔高——主题务必升华。

下面针对"十技"一一解读。

1. 互动

互动包括声音互动、游戏互动和思维互动 3 种形式。

（1）声音互动

包括封闭性问题和开放性问题两种。封闭性问题就是让听众只能回答"是"或者"不是"的问题。比如问："我们每个人都希望自己健康、快乐、富有、平安，大家说是不是？""通过百思口才培训机构的精英口才培训班我们都想快速提高自己的口才和公众讲话能力，大家说对不对？""有一个方法可以让在座的各位用最短的时间练好口才，大家想不想知道？""我们不一定是最优秀的但一定是最努力的，大家说对不对？"……在现场大声问听众"是不是、对不对、想不想、可不可以"等，可以让现场的气氛变得很热烈。

开放性问题就是自问自答或者只问不答，总之不让听众回答。比如演讲道："各位朋友，各位精英，各位优秀的企业家，首先欢迎大家来到百思口才培训机构举办的商界领袖公众讲话研修营。在我们开始上课之前，我们一起来思考 3 个问题：第一，我们为什么学习口才？第二，我们通过学习想解决什么问题？第三，我们通过学习要达到什么目标？请大家带着这 3 个问题来听我们的课程。"这样一来把大家的情绪都稳住了。在我的教学实践中，常常把问题提出来，让大家一起思考，互动效果真好。

值得注意的是，这种方法适合人数少、场面小的场合，不适合听众很多的场合。这种方法应该说是有一定的风险性的，万一听众不愿意配合，那么会把氛围搞得很压抑，自己也会很尴尬。为了避免这个问题出现，建议大家采用指向的方法，即五指并拢，指着对方，直到他起立回答问题为止，只要他不起立，我们就一直指着他。呵呵，这个"仙人指"很厉害，不妨试一下。

比如我在百思小班上课的时候，会经常采用这种方法："各位同学，大家好！在台上讲话的时候，持麦站立和持麦鞠躬的方法有哪几种？哪位同学回答一下？（现场学员，有的举手，有的不举手）好，张丽同学，你说一下。（注意，让谁回答问题，就要用单手并拢五指指着对方，直到对方起立回答为止，因为这样可以对该人形成压力。）张丽回答完毕，还有哪位同学回答一下。李芳你说一下，赵勇……欧阳……我们为刚刚回答问题的同学热烈掌声，鼓励一下。我来总结陈词：刚才就持麦站立和鞠躬的问题，张丽、李芳、赵勇和欧阳同学都进行了回答，我们一起来归纳一下。"这样一来，整个现场的氛围热烈了很多。

（2）游戏互动

就是通过做几种游戏，让现场氛围立即活跃起来。比如这样来提问题："各位同学，大家说现在什么软件用的人最多呢？"当然是游戏软件。人们很喜欢玩游戏，在公众讲话的时候，我们针对要讲的主题和听众做几个游戏，是最容易在最短时间内打开局面的一种方法。

（3）思维互动

是互动的高级阶段，是一种提几个问题便与大家形成思维互动的方式。比如，我每次在公开课时候，为了最短时间内吸引大家的注意力，通常会这样问大家："为了让大家有更大的收获，我们先来思考几个问题：大家说我们学演讲练口才最大的障碍是什么？我们为什么要学习口才？我们怎么样学习口才？请大家带着这几个问题来一起走进今天的'总裁公众讲话的智慧'。"

2. 巧用对话

在我们公众讲话的时候，采用对话的形式，可以增强可听性，更形象、更生动、更逼真。比如，我在给商界精英公众讲话班的学员讲解如何开头的这一课的时候，讲过这样一段话，现场效果很好。

> 昨天我接到一个老学员的电话，我给大家描述一下：
> 电话一响，我接起来："你好，请问哪位？"
> 对面传来一个声音，说："胡老师，我是×××，你的学生呀。胡老师太感谢你了，我要请你吃饭，而且吃大餐，你想吃什么就吃什么，想到哪里吃就到哪里吃。"能感受到这位学员激动的心情溢于

言表。

我问他："×××学员，为什么要请我吃饭呀，你最近有什么喜事，这么高兴？"

他说："昨天在招商会上做了一个30分钟的讲话，我严格按照胡老师您的要求，一开头就赢得了客户热烈的掌声，接下来现场更是掌声不断，讲话十分成功。一讲完话，老总就握住我的手，夸奖了我，说我是真人不露相，前途肯定不错。我从来没有见过我们老总对哪个员工这么热情，特别是现场签单率创历史新高。如今在老总提议下，我要当市场部经理了！"

我说："好事，恭喜你。说说看，那天你是怎么开场的？"

他说："胡老师，我是这样开场的……"

各位，你们知道他是怎么样开场赢得听众掌声的吗？今天的课程中将一一解密。

我这样一讲，大家顿时对我的讲课内容来了兴趣。

3. 善用修辞

演讲既具有较强的逻辑性，也具有一定的艺术性，对语言艺术有较高的要求。所以，讲究修辞是一篇成功演讲的必然要求。其常用的修辞手法有比拟、排比、引用、数据和对比5种。

（1）比拟

比拟是拟人和拟物的合称，或寄情于物，或托物言志，引起听众的共鸣和深思。比拟具有深刻、形象和幽默诙谐的特点，可以增强语言的表现力和感染力，也能增强语言的抒情色彩和喜剧效果，把精彩的论述与模型拟象的描绘融为一体，既能给人以理性上的启迪，又能给人以艺术上的美感。请看这个结尾："作为未来教师的我，没有太高的奢望——只求用知识的雨露去浇灌幼苗。像红烛，将全部心血化为光焰，去照亮青少年一代那美好的心灵；像春蚕，为谋求人类的幸福，吐尽最后一口丝。"这是名为"我的理想之路"的演讲结尾，就用了一连串的比拟。

（2）排比

排比是用三个或三个以上的意思密切相关、结构相似、语气连贯的句子排列起来。这里需要指出，排比和对偶是有区别的，使用时应注意区分。对偶句限定为两个句子，排比可由三个或三个以上的词组或句子构成。对偶句要求上下句字数、结构均相同，而排比句只要求大体相同。对偶句可以表达相关或相反的意思，而排比句不能表示相反的意思。另外，运用排比应注意两点：一是不要生拉硬凑，表达的内容中有并列的部分才能运用。只从形式考虑，有意铺排，则显得累赘，反而影响表达。二是排比句的分句或词组之间都有一定的逻辑顺序，不能颠倒和错乱。请看下面文字中的排比运用："这种作风，拿了律己，则害了自己；拿了教人，则害了别人；拿了指导革命，则害了革命。"

（3）引用

引用，就是演讲时引用某些原始资料，典型的原话或成语、典故、格言等，以增强说服力和演讲的动人色彩。请看："中国人有一句老话'不入虎穴，焉得虎子'。这句话对于人们的实践是真理，对于认识论也是真理。离开实践的认识是不可能的。"

（4）数据

数据，是指在演说中运用统计部门公布的数据，以增强表达效果，强化可信度。其实，在市场经济建设的过程中，数据已成为各级领导者说明问题、论述问题时的重要内容，在工作中的地位越来越重要。如中央每年的政府工作报告中，总理都会用翔实准确的数据来说明经济工作中的成绩和问题，以求全面地反映当前的工作局面。

（5）对比

对比就是把两种不同事物或同一事物的两个不同方面放在一起进行比较。演讲中恰当地运用对比手法，能使形象突出，能较全面地表达演讲者

的观点，深刻揭示事物的本质特征。常用的如正义与邪恶、英勇与懦怯、伟大与渺小等。运用对比时，对立统一的两种事物或概念的，对比叫两体对比；存在于同一事物中的两个对立面之间的对比，叫作一体两面对比。

4. 四个紧密结合

所谓四个紧密结合，是指紧密结合自己的经历，紧密结合现场的人和事，紧密结合当前的人和事，紧密结合身边的人和事。这四个紧密结合的宗旨是为了阐明和解决实际问题，这就决定了其所讲的内容必须有的放矢、实实在在，而不能脱离实际、泛泛而论。习近平总书记讲话为什么总会引起强烈共鸣，产生巨大反响，甚至让人拍案叫绝？关键在于了解实际、深谙国情党情民情，实事求是地讲问题、摆现象。他经常列举干部队伍作风方面存在的突出问题，特别是一些党员干部理想信念缺失的诸多表现，干部队伍好人主义、不敢担当的种种状况，包括用人上的"关系圈""潜规则"等不正之风，年轻干部成长过程中的不良习气，甚至社会上的种种假丑恶现象。他的剖析鞭辟入里、振聋发聩，字字句句叩击心灵。因此，演讲既要"顶天"，又要"立地"；既要"站在天安门上想问题"，又要"踩在田埂上做文章"；既要搞清楚现实状况是怎么样的，又要搞清楚最需要解决的问题是什么，从而找到思想与现实问题的最佳结合点，真正使演讲者讲得切中要害、听众听得解渴过瘾。

5. 两个适当引用

所谓两个适当引用，一是引用圣哲名言，二是引用现场重要嘉宾的话。

关于引用圣人名言，我们在"'八言'让听众的对你刮目相看"中建议，我们的讲话应该体现出古今中外的先哲如老子、孔子、鬼谷子及释迦牟尼、耶稣讲的思想光芒。至于引用现场重要嘉宾的话，其实性质上是一样的。讲话所引用的重要嘉宾的话，既可以展现演讲者独特的语言风格，更是对重要嘉宾的一种尊重，会使演讲收到更好的效果。

6. 以事说理，营造"画面感"

人人喜欢听故事，凡是在公众讲话中以事例为导向，用事情来说理，给听众展示一副形象的画面，往往听众听得津津有味，现场气氛热烈，听众在笑声中轻松学到了东西。反之，单调枯燥的理论讲解，往往让听众如坐针毡。那么我们讲哪些事情，怎么讲呢？

讲最有说服力和亲和力的事情，包括自己经历的事、熟悉的事、听到的事、读书读来的事情、所见所闻。讲自己的经历，自己熟悉的事情，讲起来往往朗朗上口，给人感觉很真实，很可信，同时可听性很好。这是我们经常使用的一个重要方法。

比如，百思口才培训机构刘喜丽学员在谈自己的心得感受的时候这样讲：

丑小鸭是如何蜕变成白天鹅的——感谢百思，感谢恩师

各位学友：

大家好！

我是来自珠海香洲的刘喜丽，之所以参加百思口才培训，是因为一次让我终生难忘的经历。

2013 年 3 月 22 日，我以公司市场总监身份在公司新产品发布会上发言，不到 10 分钟的时间，我感觉特别紧张，一上台望着下面黑压压的 200 多人，大脑一片空白，心"怦怦"的乱跳。我只是低头念内容，不敢看台下的听众，恨不得找个地缝钻进去。听众席不时传来不友好的笑声和叫声，发言结束后连我自己都不知道自己讲了什么，用手一摸脑门上全是汗。

这件事对我刺激很大，第二天我把自己关在办公室里，在网上认真搜索如何当众讲话、如何克服紧张等关键字。从网站上搜到百思珠

海口才培训机构，按照上面的联系方式我拨打了咨询电话，接电话的小姐很热情、自信、专业、认真，特别是接听电话时的从容给我留下了深刻的印象。我参加完百思的公开课后感觉很好，当即报了初级班和中级班。如今我已经学习半年了，感觉自己的进步很大，主要体现在以下三个转变。

点评

应该说，刘喜丽学友这样从自己经历入手，来谈自己的感受，是一个不错的开场，引起了台下好多学员的共鸣。

再比如，我在给一个企业做"好口才成就销售天才"的讲座时，讲了一段我自己的经历：

我上大学的时候，班上有一个校花，一米七零，很漂亮，属于男人见了都想入非非的那种女孩。大一的时候，有好多大三、大四的学长给她写情书，表达爱意。我们这位校花很厉害，把人家的情书当着我们全班同学的面大声朗读，最后送上评语：癞蛤蟆也想吃天鹅肉，真是恬不知耻。把那些学长们搞得灰头土脸，后来大家都不敢给她写情书了。

到了大三，我们班上的好多同学都拍拖，一双一对，唯独这位校花形只影单。有一天，我鼓起勇气对她说："某某同学，你不要误会，像我这种身高和自身条件的不可能追你的，我就是想问问你，你到底想找个什么样的男朋友呢？"她看看我说："别人把我看得太高了，其实我和普通人没什么区别，只是有两种职业的人，我一定不找。"我很好奇："某某同学，请问哪两种职业的人你不找呢？"她说："第一，军人我不找；第二，医生我不找。因为，军人大都粗鲁，不讲理。不是说秀才遇到兵，有理讲不清吗？医生也让人讨厌，整天研究人的身体，跟你一见面，就知道你每个地方长的是什么样的。"我听了之后说："某某同学，祝你早日梦想成真！"

后来，我们毕业分配工作，再也没有见过面。十年后，2002 年，我下海来广州发展，在天河体育中心附近的隧道里，我看到一个非常熟悉的身影。大家猜猜是谁？没错，就是那个校花。不过手里牵着一个小孩，她也好像看到了我。我说："你是？"她惊讶地看看我："胡成江你怎么在这里呀？宝宝叫叔叔。"我说："看你幸福的样子，老公一定很棒，干什么的？"她脸一红："哎，没办法，是个军——医。"（我讲到这里，现场哄堂大笑，气氛非常热烈，为什么呢？因为我讲的是我的经历，真实，搞笑。）

我接着说：消费者的拒绝我们不要当真，越是拒绝的，可能越有机会。

那次培训非常成功。

除了讲个人的经历外，讲解身边的人和事也是不错的选择。那就不妨收集整理一下身边的人和事吧。此外，还可以讲现场的人和事，这些事往往让现场的听众更加信服、更加喜欢，这个技巧真的非常有效。比如下面这段演讲：

各位同学，大家好！第 68 期商界精英公众讲话特训营即将结束。通过几天的学习，我对大家的感受很深，节假日本来是家人团聚，度假休闲的时候，可是大家却能来百思参加公众讲话培训，特别是我们张喜林同学来自广西南宁，是我们这个班上离家最远的一个了。掌声送给他。（张喜林起立向大家鞠躬。）

还有来自中山石岐的王瑞峰同学，练习十分刻苦，进步很快，掌声送给他。（王瑞峰起立向大家鞠躬）

每当我点一个现场的名字，现场的气氛就显得异常的热烈，首先是当事人，再者就是广大学员。因为我举的例子都是用现场的人和事。

讲解当前大家共同关注的热点和焦点的人和事情，是非常容易在听众中间引起共鸣的一个好方法。不论是开场白、中间主体还是结尾部分，都可以用，而且效果很好。比如，2008年我去参加一个关于公众讲话讲座，一开场我这样讲：

> 各位都知道，现在台湾很热闹，为什么？（听众席上开始窃窃私语：马英九上来了，陈水扁进去了。）我假装没听到，继续说：没错，陈水扁进去了，他的马仔也跟着进去了。大家说，这些马仔为什么会进去呢？有的说他们贪污，有的说他们坏事干尽了。这样讲对不对？应该说没错，但关键是他们跟错了人。郭靖学武功，最早找的是江南七怪，学了那么多年，依然没什么进步；后来碰到了丐帮帮主洪七公，学会了降龙十八掌，武功突飞猛进。所以我们做任何事情，跟对人是非常重要的。我们要练好口才，我们要快速提高公众讲话能力，最重要的就是如何跟对人拜对师。而后，我开始陆续讲解百思口才培训机构的光荣经历和历史。

大家听得很认真，为什么？就是因为我用2008年最热门的台湾大选后陈水扁锒铛入狱来开头的。

我们的当众讲话之所以成功，能影响成千上万的人的秘诀是什么呢？那就是最短时间内用我们的讲话影响听众的情绪，影响他们的心情。最好的演讲一定是能打动人心、感动人心的演讲。让听众感到心灵震撼的事情，包括讲感恩的事情、讲情感的故事、讲能和听众引起共鸣的故事、讲仁爱忠孝节义的故事等。

此外，还可以讲让听众受到启发的故事，比如讲寓言、哲理的故事。这类故事可以让大家在幽默风趣的氛围中，领略高深的道理，这也是我经常用的一种方法。比如，我在给我的学生讲解"关于细节的主题，见微知著，一叶可知秋"时，举了这样一个故事，在场的所有学员哈哈大笑。一起来欣赏一下：

各位同学：

我们总是说，三岁看大，六岁看老。凭什么这样讲呢？就是看细节。所谓圣人，就是善于从细小的征兆，来预测、判断未来发生什么的人。这种见微知著的本事是靠其平常细心观察，认真分析养成的。我给大家讲个故事，看大家从中受到哪些启发。

有一天，新上任的邢县长到小吃摊吃早餐，刚找个板凳坐下，就听炸油条的胡老头一边忙活一边唠叨："大家吃好喝好哦，城管要来撵摊儿了，起码三天你们捞不着吃咱炸的油条了！"

邢县长心里一惊：省卫生厅领导最近要来视察，昨天下午县里才决定明后两天开展突击整治，这老头儿怎么今天一早就知道了？

哪料这件事还没弄明白，另一件事儿让县长脑袋里的问号更大了。一天，他照例到胡老头这儿吃油条，没想到老头居然又在发布消息："上面马上要来青天大老爷了！谁有什么冤案，就去县府宾馆等着吧！"

邢县长又是吃惊，又是恼怒。省高院的工作组星期三要来清查积案，这个消息昨天晚上才在常委会上传达，这老头咋这么快就知道了呢？让他更吃惊的是，这老头不但对大领导们的行程了如指掌，就连派出所要突击检查娱乐场所这样的绝密行动，他都知道得清清楚楚。

一个大字不识的老头儿，居然能知道这么多政府内部消息，毫无疑问，一定是某些政府工作人员保密意识太差，嘴巴不紧。于是，邢县长立即召开会议，把那些局长、主任狠批了一通。与会领导个个低着头，不敢出声。

还是公安局长胆大，忍不住问道："邢县长，这胡老头儿的事是您亲眼所见，还是道听途说来的？"

邢县长声色俱厉地一拍桌子："都是我亲耳听到的！我问你，你们城关派出所今天晚上是不是要清查娱乐城？"

公安局长一脸尴尬，愣在那里。邢县长气恼地当即下令："你亲

自去查查这老头儿到底什么背景，明天向我汇报！"

公安局长赶紧换上便装，跑到胡老头那儿进行暗访。没想到，胡老头正在向大伙儿发布新闻："城关镇的镇长最近要倒霉了。大伙等着瞧，事儿不会小的。"

公安局长一听，很是诧异，于是问道："你咋知道的？难道你儿子是纪委书记？"

胡老头呵呵一笑："我咋知道的？他以前吃我的油条，都是让司机开专车来买，这两天一反常态，竟然自己步行来吃，还老是一脸愁容。那年他爹死，都没见他那么难受过。能让他比死了爹还难受的事，除了丢官儿，还能是啥？"

公安局长听了，暗自吃惊，这老头儿还真有两下子。于是他不动声色继续问道："那昨天派出所清查娱乐城，你是咋知道的？"

胡老头又是一笑："你没见那几家娱乐城一大早就挂出了停业修缮的牌子？人家有眼线，消息比咱灵通！"

"那卫生厅领导来视察，你是咋知道的？"

胡老头儿说："除了上面来人检查，你啥时见洒水车出来过？"

最后，局长问了个他最想不通的问题："上次省高院的工作组来指导工作，你咋那么快就得到消息了呢？"

胡老头撇了撇嘴说："那就更简单了。俺邻居家有个案子，法院拖了八年不办。那天，办案的法官突然主动来访，满脸笑容问长问短，还再三保证案子马上解决。这不明摆着上面来了人，怕他们上访嘛！"

公安局长佩服得五体投地，连忙一路小跑赶回去，把情况向邢县长作了汇报。

邢县长听了，大动肝火，马上再次召开会议，做了四个小时的训话："同志们，一个炸油条的都能从一些简单现象中看出我们的工作动向，这说明了什么？说明我们存在太多的形式主义。这种恶习不改，怎么能提升政府形象？从今天开始，哪个部门再因为这种原因泄密，让那老头‘未卜先知’，我可就不客气了！”

次日一早，邢县长又来到胡老头儿这儿吃油条，想验证一下开会的效果。没想到胡老头居然又在发布最新消息：“今天，上面要来大领导了，来的还不止一个！”

邢县长这一惊，真是非同小可。下午，市长要陪同省领导来检查工作，自己昨晚才接到通知，这老头咋又提前知道了？

邢县长强压怒火，问胡老头：“你说要来大领导，到底有多大呢？”

胡老头儿头也不抬地回答：“反正比县长还大！”

邢县长又问：“你说要来的不止一个，能说个准数吗，到底来几个？”

胡老头儿仰起头想了想，确定地回答：“四个！”

邢县长目瞪口呆，上级领导还真是要来四个！他心里怦怦直跳，又问：“胡……胡师傅，这些事儿你是怎么知道的？而且知道的这么准确。”

胡老头儿淡淡一笑：“这还不容易？我早上出摊儿，见县府宾馆的保安都戴上了白手套，一个个如临大敌，肯定是上面来人了。再看看停车场，书记、县长的车都停在了角落里，肯定是来了比他们大的官儿。再仔细看看，书记、县长停的车位是 5 号、6 号，说明上面来了四个领导。你信不信？当官儿的和咱老百姓不一样，上厕所都要讲究个级别、排个先后顺序呢！”

邢县长听罢，满脸愕然。

讲完了，各位学员笑得前仰后合。

 提示

多讲英雄豪杰、伟大人物的事迹，多讲和听众经历类似的事例。

像上述这种反面的事例，应该适当讲或者不讲。而之所以在这里公示出来，只是提供一个教材范本。

使用"形象化的字眼"描述情节，用听众最熟悉的东西打比方，就仿佛把听众带到了事发现场。比如，我经常给我学员讲口才课，关于口才，口是机关，才是内在，口者心之门户。这就像我们经常使用的电脑，显示屏好比我们的口，而主机里的软件好比我们内在的才，装什么软件，决定显示屏显示什么内容。心恶则口恶，心善则口善。

此外，注重情节和细节的描述，往往使我们的讲话形象生动，栩栩如生，让听众身临其境。

7. 设置悬念

在演讲中，在公众讲话中，这是一个非常重要的技巧。这个技巧可以把听众的心悬在半空，大气不敢出，吊足胃口，让听众迫不及待地想听你的讲话，特别是看谍战片的时候就有这种感觉。我们一起来看看下面这几段演讲。

各位亲爱的朋友：

很多人希望一夜暴富，很多人希望快速成名，可是我们没有资金，没有技术，没有贵人相助，天上不会掉馅饼，让我们只能望成功而兴叹！可是今天我要讲的观点可能要让无数人欣喜若狂，我至今讲过十多次，上万人从中受益，每一次在我的演讲现场都有好多位朋友因欣喜过度导致心脏病发作；有好多年轻的朋友因为欣喜过度导致昏厥休克；有好多因为难以接受自己马上成功的喜悦而泪流满面。各位朋友，你们准备好了吗？（众应："准备好了！"）

大家想不想听？（下面的回应声音像海涛一样汹涌："想！"）

让我们最快取得成功的秘诀就是：好口才，一流的演讲能力就是我们普通人快速成功的秘诀。

点评

好的演讲就是要能吊起听众胃口，让听众迫不及待地听下面的内容，那么我们的讲话就非常受欢迎了。上面这段话，应该说把听众的胃口吊足了，听众会想到底你要讲什么呀，又让人昏厥，又让人休克，又让人犯心脏病的，至于吗？你说说看。

再比如，看看下面这位是如何介绍一本书的。

女士们，先生们，亲爱的朋友们：

上午好！有句名言是：书籍是人类进步的阶梯。有这样一本书它影响了一个时代；影响了成千上万的青年人；它曾经让很多人改变了命运，获得了成功；让很多人从低迷走出来，直奔康庄大道；让很多人从迷途中找到了方向。有一个小偷偷了一个包，包里装的就是这本书，小偷看完之后，居然金盆洗手，痛改前非，改邪归正了；为了购买这本书，很多城市万人空巷，排起长龙，但很多人还是买不到它。这到底是一本什么书呢？亲爱的朋友们，你们想知道吗？

各位朋友，你们知道现场的气氛有多么热烈吗？

8. 制造包袱

这种技巧可以让现场氛围十分热烈，令听众哈哈大笑，高潮迭起，掌声不断。赵本山的小品那么受欢迎，就是用了这方面的技巧。在我们的讲话中适当地设置几个包袱，一定会为我们的公众讲话增色不少。如果我们在公众讲话中适当地设置以下内容，现场效果定然差不了。

案例一：有婚外情吗

有一位刚刚出差回家的男士和老婆一起看电视，主持人说："各位听众朋友，大家好！据统计现在有60%的男人在外有婚外情。"老

婆看看老公："说，你有没有婚外情?"老公急忙摆手："绝对没有，我是40%里面的。"主持人继续说："剩下的30%有一夜情。"老婆恶狠狠地看老公："你有没有一夜情?"老公脸都绿了："绝对没有，我是剩下的10%里的。"主持人继续说："剩下的10%正在进行多夜情。"

案例二：智商测试器

说奥巴马、希拉里、克林顿和前任总统布什一起逛街，看到前面围了一大群人，拨开人群往里一看，原来是一台机器，一问才知道，叫智力测试器。参加测试的人将头伸进去，仪器会报出测试人的智力商数。克林顿先把头伸了进去，仪器开始说话："您的智商是120，完全正常。"克林顿很开心。奥巴马把头伸进去，仪器开始说话："您的智商是125，完全正常。"奥巴马很开心。希拉里也把头伸进去，仪器开始说话："您的智商是125，完全正常。"希拉里也很开心。布什看看左右也把头伸进去，仪器过了好久不讲话，布什很着急，突然仪器开始说话："为了仪器的安全，请不要把木头放在里面。"布什满脸通红，周围人大笑。

9. 巧用道具

演戏使用道具，讲课使用道具，演讲也常使用道具。如果设计并使用得好，那么演讲时道具也会开花，并且清香四溢，沁人心脾，让听众获得美的享受，使演讲收到特殊的效果。

(1) 巧借道具开头，亮出观点

好的开头是成功的一半。演讲要达到表达观点、感召听众的目的，在开头就要能抓住听众的好奇心，吸引他们的注意力，调动他们的思维，在听众聚精会神时，再配以精彩的言辞、得体的态势语，定能捕获听众的心。巧借道具开头，就能达到这种效果。

　　1983 年，新上任的青海省省长黄静波在干部大会上作演讲。只见他抱着一个很大的箱子走上台，令在场的干部们诧异不已。这时，黄省长不慌不忙地从箱子里拿出一个苹果，对大家说："这种苹果在青海的民种、乐都等几个县都有，年产量达 3000 万斤。假如运到香港，每斤值港元两元。"接着，他又从箱子里掏出一张比手掌稍长的银灰色毛丝鼠皮，说道："这种皮在纽约每张能卖到 100 美元，这种鼠我们青海各牧区都可饲养。"接着，他又列举了麝香、虫草等许多青海特产，然后说："同志们，有人讲，青海是个穷地方，依我看，我们是烂皮里裹珍珠，表面上穷，内里可富得很哩！我们要有信心，完成改变青海落后面貌的重任！"

青海尽管地处西城，经济欠发达，但资源丰富，只要开发得当，就能发家致富。黄省长为鼓励干部们树立信心去改变青海的落后面貌，没有大谈改革开放的大好形势，而是根据市场调查所得信息，以大家熟悉的青海特产为道具，描绘出青海特产在世界市场上可观的销售前景，提醒大家这些特产就是青海的宝藏，是改变青海落后面貌的金钥匙，也是青海的致富之路。干部们精神振奋，决心在这位为民谋利的省长指引下大干一场。

（2）巧借道具举例，强化主题

演讲如果只讲大道理，就空洞无物；只是罗列事实，就立意不明。因此，精彩的演讲，既要有触动灵魂的深刻立意，又要有感动人心的鲜活事例去佐证，使听众在生动形象的事例中轻松接受深刻的道理。

　　有一次，陶行知先生在武汉大学演讲。只见他走上讲台后并不立即开始，而是不慌不忙地从箱子里拿出一只大公鸡抱在手上。在台下听众的惊愕中，陶先生从容不迫地掏出一把米放在桌上，然后按住公鸡的头，强迫它吃米，可是大公鸡只叫不吃。他强行掰开公鸡的嘴，

把米硬往它嘴里塞。大公鸡拼命挣扎，还是不肯吃。这时，陶先生轻轻地松开手，把鸡放在桌上，自己向后退了几步，慢慢地大公鸡自己就吃起米来。接着，陶先生开始了演讲：我认为，教育就跟喂鸡一样。先生强迫学生去学习，把知识硬灌给他，他是不情愿学的。即使学也食而不化，过不了多久，他还是会把知识还给先生的。但是如果让他自由地学习，充分发挥他的主观能动性，那效果一定会好得多！

教育是教与学的双向互动活动，既需要老师的循循善诱和悉心指导，又需要学生的主动参与和积极思考。作为平民教育家，陶先生不强迫听众接受他的观点，而是当场演示生活中常见的"喂鸡"这一行为，以喂鸡的道理喻教育的原则，于无声中巧妙地传达出抽象的道理：教育重在发挥学生学习的主观能动性。陶先生正是利用喂鸡这一鲜活的事例，寓意深刻地强化主题，使演讲赢得台下的欢声雷动。

（3）巧借道具过渡，拓深内容

2005 年度全国十大名镇评选晚会上，央视著名节目主持人崔永元作为云南保山市腾冲县和顺镇的形象大使，以《话说和顺》开始了他别出心裁的演讲。他正话反说，以自己特有的"冷幽默"方式，在介绍和顺的三大"不足"中明贬暗褒地盛赞和顺镇的优势。

> 出国的人有很多没有回来，因为他们在国外担任了一些职务，但更多的人回来了，带回了很多稀罕的东西。今天我随手给大家拿来了两件，可以看看。（出示实物）这是那个时候他们从国外带回来的望远镜，我现在都可以清楚地看到评委脸上露出了笑容。这是高尔夫球杆，是 20 世纪 40 年代在我们和顺使用的。因为读书读得多，就读出了很多奇奇怪怪的人。张宝廷先生，他是翡翠大王，大家见到的翡翠，都是由他在缅甸发现、加工、制作，然后卖到北京、上海、广州、香港的。（出示实物）我今天带来了一块翡翠玉石给大家看一看，……这是我们和顺乡 1946 年自己出的报纸。（边讲边出示实物）

这是毛主席任命人民政府委员时发的，这是他的签名，这是他的通知书。这是当年建公路时候的股票。这是在上海和香港住店的发票，到现在还没有报销。这是和顺乡自己办的刊物，1936 年出的第一期，到今天还在出。这是当时的通行证，这是出国必看的一本书，叫《青年宝鉴》……

在整个演讲中，崔永元出示了许多实物道具，使演讲颇具说服力。耳听为虚，眼见为实，看着这些摆在眼前的道具，听众对和顺悠久而辉煌的历史更加深信不疑，对崔永元幽默而精彩的演讲报以热烈的掌声。

（4）巧借道具结尾，深化主题

"余音绕梁，三日不绝"是演讲结尾追求的最佳效果。一个演讲者能在结束时赢得笑声，不仅是自己演讲技巧十分成熟的表现，更能给本人和听众双方都留下愉快美好的回忆，也是演讲圆满结束的标志。

1930 年 2 月 21 日，鲁迅先生应邀在上海中华艺术大学作了一场演讲《绘画杂论》。他首先肯定上古时代绘画的淳朴而充满生气，然后指出 19 世纪的新派画、欧洲的各个新画派、中国艺术界新派画中所存在的问题，提醒青年画家要注意三点——"不以怪炫人，注意基本技术，扩大眼界和思想"，强调"艺术家应注意社会现状，用画笔告诉群众所见不到的或不注意的社会事件"。最后，他在结束时说："我们应将旧艺术加以整理改革，然后从事于新的创造，宁愿用旧瓶盛新酒，勿以旧酒盛新瓶。这样做，美术界才有希望。以上是我近年来对于美术界观察所得的几点意见。今天我带来一幅中国五千年文化的结晶，请大家欣赏欣赏。"（说时，一手伸进长袍，把一卷纸徐徐从衣襟上方伸出，打开看时，原来是一幅病态十足的月份牌，引得哄堂大笑。在笑声和掌声中结束了他的演讲。）

鲁迅先生一生至少做过 60 多次讲演，影响着几代青年。鲁迅先生虽没

有专门研究过讲演的理论和技巧，但其讲演每每切中要害，入木三分，而且从不拖泥带水。在这次演讲中，鲁迅先生借助恰到好处的道具表演，与结束语形成鲜明的对比，极具幽默感。不仅使演讲在欢快的气氛中结束，而且使听众在笑声中进一步品味先生演讲的深意，使演讲结束语收到"余音绕梁，三日不绝"的轰动效应。

总之，在演讲的全过程当中都可以使用道具，但这个道具不是突兀的，必须要与演讲内容有关，这样才能达到使演讲别开生面的艺术效果。好的道具可以为我们的公众讲话，公众演讲增色很多，但只能起到辅助作用。

10. 精神拔高——主题务必升华

这是所有技巧中的点睛之术，我们用了那么多的技巧，都是为了最后的这个技巧。什么是精神拔高呢？简而言之，就是把我们的讲话内容进行精神层面的升华。这样才能赢得更多人的认可，这样才能提升我们讲话的境界和格局。

比如，我在商界精英公众讲话特训营结尾的时候这样对大家说：

> 同学们，练好口才不仅仅是我们个人的问题，更是关系到国家和民族振兴的问题。练好口才，我们的事业才能蒸蒸日上，家庭才能幸福；练好口才，社会正义才能得到伸张；练好口才，我们的合法权益才能得到维护；练好口才，我们中国人才能在国际上更有话语权；练好口才，我们中华民族才更加强大！所以，好口才强大一个民族！

点评

这样就把口才培训和民族命运紧紧地联系在一起了。让人感到，我们的培训有高度，有境界，有层次！

再比如傅缨的演讲《铭记国耻，把握今天》中的一段话：

吉鸿昌高挂写有"我是中国人"标语的木牌，走在一片蓝眼睛、黄头发的洋人群中。

正是这千百万个赤子，才撑起了我们民族的脊梁，祖国的希望；正是他们，在自己的"今天"，用满腔的热血，冒着敌人的炮火，谱写了无愧于时代的《义勇军进行曲》，才使得我们今天的共和国国歌响彻神州，那么气势磅礴，那么雄壮嘹亮；正是他们，才使得我们今天的炎黄子孙一次又一次地登上世界最高领奖台，并使那音量越来越大，那旋律越来越强！

点评

演讲者以吉鸿昌的爱国行为做基点，然后高屋建瓴，联想到千千万万个爱国者的精神，用"正是这千百万个赤子""正是他们"的提示语，通过三层铺排推进，概括出一代代爱国者的崇高情怀，使单一的事例所体现出的思想意义得到扩展、升华。演讲时就能燃起听众爱国的情感之火，产生一定的感召力。

又比如孙中山先生在一次演讲中讲道：

南洋爪哇有一个财产超过千万的华侨富翁。一次他外出访友，因未带夜间通行证怕被荷兰巡捕查获，只得花钱请一个日本妓女送自己回家。

日本妓女虽然很穷，但是她的祖国很强盛，所以她的地位高，行动也自由。这个中国人虽然很富有，但他的祖国却不强盛，所以他的地位还不如日本的一个妓女。如果国家灭亡了，我们到处都要受气，不但自己受气，子子孙孙都要受气啊！

点评

孙中山先生在这里对一个典型材料进行了由表及里的剖析，揭示出国家贫弱，人民必受欺凌，"落后就要挨打"的道理，升华了演讲的

主题，唤起了听众强烈的爱国之心。

一位在中国某医学院任职的美籍教师对学生演讲时，先讲了一则小故事：

在暴风雨后的一个早晨，一个男人在海边散步，沙滩上有许多被昨夜暴风雨卷上岸的小鱼被困在浅水洼里。忽然，他看到一个小男孩正在捡起水洼里的小鱼，并且用力把它们扔回大海。这个男人问道："孩子，这水洼里有几百几千条小鱼，你救不过来的。""我知道。"小孩头也不抬地回答。"哦？那你为什么还在扔？谁在乎呢？"小男孩边扔小鱼边回答："这条小鱼在乎！这条，还有这条……"

教师讲完了这则小故事，满怀深情地说：

今天，你们在这里开始大学生活。你们每一个人都将在这里学会如何去拯救生命。虽然你们救不了全世界的人，救不了全中国的人，甚至救不了一个省一个市的人，但是，你还是可以救一些人，你们可以减轻他们的痛苦。因为你们的存在，他们的生活从此有所不同——你们可以使他们的生活变得更加美好。这是你们能够并且一定会做得到的。

点评

这位美籍教师在演讲中对一个富有哲理意味的小故事进行了由此及彼的引申，形象地阐发了医学院学生应树立高尚的职业道德，升华了演讲的主题，使演讲具有一种隽永的感召力。

胡云龙的演讲《我们的后代喝什么》中有这样一段话：

德国的亨格尔小姐与同伴来到神往已久的长江三峡游览。一路上，她俩饱览了长江两岸醉人的风光，也深深领略了"中国人"肆意破坏环境的无情。在中国游客眼中，长江竟然无异于一个天然的废物场，滚滚东流的长江"毫无怨言"地包揽了中国游客抛弃的一切：果皮、废纸、饭盒、塑料……作为外国游客，她俩怎么也不忍心这样做，在无法找到垃圾桶的情况下，人俩人只好将旅程中的废弃物用塑料袋一一装好，下船前彬彬有礼地请乘务员代为处理。不料，乘务员竟嗤之以鼻，毫不犹豫地把垃圾袋投入长江的怀抱。看到这里，我不由得要问一句：《长江之歌》中描述的"用纯洁的清流浇灌花的国土"和"用巨大的臂膀挽起高山大海"的长江，能够挽起它所养育的人们对它一次次无情摧残的重压吗？

水对我们人类有恩有情，我们决不能做出忘恩负义、恩将仇报的蠢事，也不能将我们自己酿成的苦酒逼着我们的后代喝下去，更不能做出杀鸡取卵、贻害子孙的傻事。这是责任！

点评

在这里演讲者通过外国游客在长江三峡的见闻和遭遇，形象地渲染出国人环保意识差的生活图景，由此抒发感慨，引发议论，做到了由境及情，情景交融，情理相生，很好地升华了演讲的主题。

第十二章　当众讲话的修养

一提起口才，很多人会马上想到关于口才的很多负面词汇。任何东西都是有好有坏，我们一起先来看看，哪些词汇是关于口才负面的评价：耍嘴皮子、油嘴滑舌、油腔滑调、夸夸其谈、言过其实、言行不一、胡说八道、乱讲一气、祸从口出、花言巧语、嬉皮笑脸、强词夺理、口是心非、口蜜腹剑等。为什么会这样，就是因为很多人讲话的时候只注重能力的提升，而忽视了修养和智慧的提升。所以，公众讲话的修养至关重要！

讲话有没有智慧和修养的标准是什么

请大家思考：我们讲话是以是非曲直对错为标准，还是以讲话以好的结果导向为标准呢？如果结果很好，需要你讲假话，请问你讲不讲？如果你讲真话，但结果很不好，请问你讲不讲？

有一次，我们百思口才机构举办了一个老学员演讲比赛的颁奖典礼，中间有一个环节是全体合影。当大家都准备好了，等着拍照，负责照相的学员赵敏拿出相机，才发现没电了。怎么办呢？我问大家，赵敏能不能实话实说，对不起，我的相机没电了。这样的讲话结果是，大家很扫兴。

但是赵敏是百思优秀的学员，处理这个问题严格按照胡老师的方法，先不说，而是直接按了两次快门。之后又说："各位学友，胡老师给我们提供了这么好的展示平台，本次合影太重要了，我这部相机虽然不差，但我想用我们阿龙学友的相机再拍一次，这样更专业、更规范，大家说好不好？"

大家看下，赵敏处理问题多妥当！相也照了，事也做了，结果是皆大欢喜。

这样的例子有很多。

一个讲话能力很强但修养很差的人，结果会怎样

作为负责任的老师，不但要教大家如何讲话，更要让大家修炼不该讲话的时候如何闭嘴。我们百思口才的课堂上，经常会有一些学员分享自己曾经因为不懂得如何闭嘴，导致好机会错过，惹人记恨的经历。

马丽娟是珠海某医院的一名优秀的基层医务工作者，由于工作认真，技术过硬，深受单位"一哥"赏识。有一次单位邀请某知名教授来单位讲课，课后组织座谈，很多同事纷纷摆手，不愿意讲话。领导讲了几句后，这位马学友为了表现自己，站起来大声说："我来。"把在百思机构学到的东西，毫不保留地表现出来，真是专业、规范，概括性，条理性，有水平，有高度。现场博得阵阵掌声。连主讲的老教授也在现场表扬了她，她甭提多得意了。但她的领导，脸色很难看，笑得很勉强。自那以后，领导总是有事没事"找茬"。我们这位学员非常郁闷，百思不得其解，为何我表现的那么优秀，却得不到认可呢？

大家说，问题出在哪里呢？讲话要记住自己的身份，领导才讲3分钟，你讲5分钟；领导讲3点，你讲4点。领导讲话乱七八糟，你讲话很有条理；领导讲话声音小，很平淡，你讲话抑扬顿挫，很有感染力。你的光芒比领导还耀眼。

说明什么？你讲话有能力，有水平，但没有智慧，也没有修养，更没有见识。君不见，很多巧言令色、花言巧语、夸夸其谈、咄咄逼人、伶牙

俐齿的人并不招人待见，什么原因？修养和智慧不够。

我反复对我的学生讲，说话前要思考几个问题很重要：一是该不该讲话；二是讲话的结果好不好；三是自己的身份合不合适。

有学问的人一般不乱讲话。只有那些胸无点墨又爱慕虚荣的人才喜欢信口开河，大发言论。美国的艺术家安迪渥荷曾经告诉他的朋友说："我学会闭上嘴巴后，获得了更多的威望和影响力。"这应该是一句值得大家牢记的名言。

在研究说话艺术时，首先要学会"少说话"。也许有人会反驳：既然人人都要学会少说话，那么，说话艺术就不必细加研究了。其实不然，少说话固然是美德，但人们生活在现实社会中，只能"少说"而不能"不说"。该讲话的时候，一定要讲话，而且要讲好话，这才是口才的艺术。

不该讲话的时候说得越多，风险的概率就越大。"言多必失，祸从口出"的万世警句，已经早被历史事实所证明。

马西尔斯是古罗马时期一名战功赫赫的英雄，他以战神科里奥拉努斯的美名而著称于世。公元前454年，科里奥拉努斯打算角逐最高层的执政官以拓展自己的名望，进入政界。

竞逐这个职位的候选人必须在选举初期发表演说，科里奥拉努斯便以自己十多年来为罗马战争留下来的无数伤疤作为开场白。那些伤疤证明了他的勇敢和爱国情操，人们深为感动，几乎每个人都认为他会当选。

投票日来临的前夕，科里奥拉努斯在所有元老和贵族的陪同下，走进了会议厅。当科里奥拉努斯发言时，内容绝大部分是说给那些陪他前来的富人听的。他不但傲慢地宣称自己注定会当选，而且大肆吹嘘自己的战功，甚至还无礼地指责对手，还说了一些讨好贵族的无聊笑话。

他的第二次演说迅速传遍了罗马，人们纷纷改变了投票意向。

科里奥拉努斯落选之后，心怀不甘地重返战场，他发誓要报复那些投票反对他的平民。

几个星期之后，元老院针对一批运抵罗马的物品是否免费发放给百姓这个议题投票。科里奥拉努斯参加了讨论，他认为发放粮食会给城市带来不利影响，这一议题因而未决。接着他又谴责民主的要领，倡议取消平民代表（亦为护民官），将统治权交还给贵族。

科里奥拉努斯的最新言论激怒了平民。人们成群结队赶到元老院前，要求科里奥拉努斯出来对质，却遭到了他的拒绝。于是全城爆发了暴动，元老院迫于压力，终于投票赞成发放物品。但是，老百姓仍然强烈要求科里奥拉努斯公开道歉，才允许他重返战场。

于是，科里奥拉努斯出现在群众面前。一开始，他的发言缓慢而柔和，然而没过多久，他变得越来越粗鲁，甚至口出恶言，侮辱百姓！他说得越多，百姓就越愤怒，他们的大声抗议中断了他的发言。护民官商议判处他死刑，命令治安长官立即拘捕他，送到塔匹亚岩顶端丢掷下去。后来，在贵族的干预下，他被判决终生放逐。人们得知这一消息后，纷纷走上街头欢呼庆祝。

如果科里奥拉努斯不那么多言，也就不会冒犯老百姓。如果在落选后他仍能注意保护自我强大的光环，依然还有机会被推举为执政官。可惜他无法控制自己的言论，最终自食其果。

因此，不管在什么时候，也不论是什么事情，在多说无益的时候，不说话反而是明智之举，也许沉默就是最好的解释。如果非说不可，那么，你要注意所说的内容、意义、措辞、声调和姿势，以及在什么场合应该说什么话，怎么说才得体。

"言多必失，祸从口出"，如果不懂得这个道理，那么就要为此付出沉重的代价。来看下面这个历史上最为典型的例子。

俄罗斯帝国皇帝沙皇尼古拉一世登基后，国内爆发了一场由自由

分子领导的叛乱，他们要求俄国现代化，希望俄国的工业和国内建设必须赶上欧洲的其他国家。尼古拉一世残忍地平定了这场叛乱，同时判处其中一名领袖李列耶夫死刑。

行刑的那一天，李列耶夫站在绞首台上，绞刑开始了，李列耶夫一阵挣扎之后绳索突然断裂了，他猛然摔落在地上。在当时，类似这样的事件被当成是上天恩宠的征兆，犯人通常会得到赦免。李列耶夫站起身后确信自己保住了脑袋，他向着人群大喊："你们看，俄国的工业就是如此差劲，他们不懂得如何做好任何事，甚至连制造绳索也不会！"

一名信使立刻前往宫殿报告绞刑失败的消息，虽然懊恼于这突如其来的变化，尼古拉一世还是打算提笔签署赦免令。

"事情发生之后，李列耶夫有没有说什么？"沙皇询问信使。

"陛下，"信使回答，"他说俄国的工业如此差劲，他们甚至不懂得如何制造绳索。"

"这种情况下，"沙皇说，"让我们来证明事实与之相反吧。"于是他撕毁赦免令。

第二天，李列耶夫再度被推上绞刑台。这一次绳索没有断。

总而言之，很多时候不是因为我们的讲话能力不足，而是因为我们讲话修养不够。讲话能力很强但是修养很差，结果就是言多必失，祸从口出。因此，练好嘴巴，更要管住嘴巴，这不是说沉默寡言能够做出什么创造性贡献，而是减少错误的发生。之所以"言多必失，祸从口出"，一是方式、态度、口气没把握好；二是时机、场合、氛围，特别是自己的身份没搞清楚。

当众讲话的修养，让你从容应对讲话

通过在百思口才学习，练自信解决敢不敢讲的问题，练讲话解决能不能讲的问题，注重修养解决该不该讲的问题。

如果一个人讲话能力很强，但修养很差，大家说结果会怎样呢？不用说肯定不妙。

没有修养的约束，讲话能力越强，越是对自己前程不利。

关于这一点，我们的古圣先贤，早已经在各种经典涉及了，我把它们大致整理一下，希望对大家真正有所帮助，只要大家认真体会，砥砺前行，定能真正成为当众讲话的高手。

1. 话多无益，话少为好

《道德经》中说："大道希言，希言自然。"意思是说，真正符合大道的是话不要多，少说话，会说话，说好话。《道德经》中说："多言数穷，不如守中。"意思是说，如果话多了，祸从口出，加速灭亡，不如遵守真理和大道。

2. 想好再说，忌讳草率

《道德经》中说："知者不言，言者不知。"意思是说，有智慧的人不会轻率地发表讲话和看法，随便发表意见、高谈阔论的都是缺乏智慧的表现。

3. 中听更要中用

《道德经》中说："信言不美，美言不信。"意思是说，对我们有帮助的话往往不中听，中听的话往往对我们没什么好处。

4. 争辩、好胜乃讲话之大忌

《道德经》中说："善者不辩，辩者不善。"意思是说，善良的人忠厚老实不巧言善辩，巧言善辩的人不善良。喜欢争辩，争强好胜，逞口舌之强的人大都祸从口出。

5. 不要自以为是，自我炫耀

《道德经》中说："不自见，故明；不自是，故彰；不自伐，故有功；不自矜，故长。夫唯不争，故天下莫能与之争。"意思是说，不只是看到自己，便能更明了世事；不自以为是，反而更能彰显自己；不自我夸耀，反而能成就功业；不自高自大，所以能长期有所长进；因为不争，所以天下都难与之争。

6. 讲话圆融，才不会被挑剔

《道德经》中说："善言者无瑕谪。"意思是说，善于讲话的人不会被人挑出一点瑕疵，很圆融。如果我们一讲话破绽百出，说明我们真的很需要修炼。

7. 不该讲话时管住嘴效果更好

《论语》中说："天何言哉？四时行焉，百物生焉，天何言哉？"意思是说，天啊，它又何尝说过话啊？不过任四季周始，由百物生长。天啊，你又说过什么话啊？同学们从这里学到什么，悟到什么了吗？

8. 说了不算不如不讲话

古语云："人贫不语，水平不流。"意思是说，人在贫贱、说话不算数的时候，就不要轻易讲话，讲了也不能改变什么，讲了也没有人重视，讲了也白讲，与其这样就不如做自己的事情。就像水，没有落差就不会流动了。

9. 言默分寸，捭阖之道

民间谚语："没有根据就不要讲""自己吃不准的话就不要讲""说对的话不如说结果好的话""不懂的东西，保持沉默""看不惯的人和事，不赞叹，绝不指责和批评""讲话高手首先是聆听高手"，不要讽刺、讥笑他人过错。

比如，我的学生很多，我对他们学习，指导方法是不一样的。有的很严厉，有的很随和，有的很客气，有的循循善诱。大家说，什么样的学生，我会对他很客气呢？往往是素质不高，心胸比较狭隘，很计较，不懂得感恩，你要是说的重了，他就会记恨你，不但没有达到教育效果，还为自己结怨了，他到下面什么坏话都说。事实对他有帮助的，但他不这样认为。

为什么有的学生进步那么快，学习那么好，成就那么大呢？面对我的严厉，能正确看待，很感恩。

我们说人家不好，批评人家，纵然对方真的不好，问题是人家能不能接受你，会不会感恩你。如果不接受，不感恩，那就结怨，结怨就会报复，真正是祸从口出。

我跟大家讲，如果对方不想听，不接受，不感恩，我们就不要去讲，因为讲了不如不讲，甚至给人、给自己带来麻烦和伤害，何苦呢？

10. 修炼自己，不造口业

佛说口业有四："妄语，两舌，恶口，绮语。"（妄语，恶意欺骗的谎话；两舌，挑拨离间的话，唯恐天下不乱；恶口，言语粗鲁，没有礼貌；绮语，口蜜腹剑，表面花言巧语，目的是损人利己。）

以上这些对于我们加强讲话的修养，提升讲话的智慧至关重要，希望各位同学加强修炼！祝大家早日练就一流口才，一流公众演讲能力！

提示

该讲话的时候，敢讲话，讲好话；不该讲话的时候，管住嘴，定住心。

附录　万名学员见证百思口才训练的王者风范

　　在珠海百思培训中心，既有初次参训的大学毕业生，也有多次来进行提高培训的企业白领、政府领导。这些学员的脸上都写满了坚定与信心，因为大家知道，选择了百思，就选择了成功。下面的言论，代表了这些学员的真实感受。

　　由于我的工作性质，经常要向领导汇报工作和主持会议。面对下属讲话，我还能应对，可我是典型的恐高症，见了公司总经理就很紧张。尽管领导让我慢点说，但我还是控制不了紧张，因此我很苦恼，为此我失去了两次晋升机会。后来经朋友介绍来到了百思口才培训机构，结识了我的恩师——胡成江老师。

　　通过在百思的一个半月的专业公众讲话训练，现在领导面前汇报工作的我有了充分的自信，表达得很有条理。我们公司共200多人，没受过训练之前，每次开会的时候非常紧张，事先我把所有的思想都写上，稿子厚厚的一摞，其实就是念稿子。现在我讲话时，只拿一张纸，只要写上几条提纲，几个数字和几个要点，就能滔滔不绝。讲完之后，我还会问其他领导有什么意见。如今我已经是集团公司的行政总监了。通过学习我不仅增强了自信，还学到了方法。领导对我的讲话很满意，同事们对我刮目相看。感谢百思，感谢胡老师！

——某集团公司行政部经理　刘影丽

我在市委机关工作，大会小会不断，经常发言，面对比自己级别低的人还好，要是面对专家、领导讲话时就会很紧张。更要命的是，讲话的章法因此被打乱。我很想自己无论对象是上级还是下级，无论人多还是人少，都能优雅地表达出自己的想法。后来我在网上搜索到了百思口才培训机构，虽然很心动，但还是很怀疑，拨打电话咨询了一下，觉得工作人员很专业、很热情。我试着去听了一次体验课，被胡老师的高超的演讲艺术和专业水平折服了。我当即报名参加了学习。

说起收获有三点：一是公众讲话我信心大增。不论工作汇报还是会议，我都能自信从容、侃侃而谈；二是讲话内容条理清晰，重点突出；三是表达很通畅，表达自己的观点，言简意赅，很精练。尤其是第一次在百思组织的演讲比赛中得奖之后，一下子提高了我的自信心。其次，以前会上讲话纯粹是念稿，背稿，现在只要简单列个提纲就可以讲话了。再就是，我的人际关系比以前好多了，这是我意外的收获。谢谢百思胡老师。

——珠海市政府副处级干部公务员　王为一

说起与百思结缘，因为我要参加局里竞岗竞聘，一方面我自己渴望进步，另一方面我自己演讲能力不足。因为我不知道怎么讲，更要命的是一讲话就紧张得不能自拔。如果克服不了这一点，那这次机会又拱手让给别人了。虽然很多同事和领导告诉我一些方法，但我觉得不太管用。后来经过网上查询，了解到了百思口才培训机构，试听了一次，被老师的精彩演讲折服了。下面的学员一是很多，二是水平很高，三是学习热情很高涨。我也被这种氛围深深地感染了。下课后和百思机构的主讲老师胡成江老师进行了面对面的交谈，我深深感到胡老师真正能帮到我，百思真正能帮到我。按照老师的建议我报读了当众讲话初级班和中级班的套餐，还参加了老师的竞岗竞聘面试专业辅导。在学习中我真正感受到了胡老师的人格魅力和渊博的学识，丰富的经历和高超的造诣。

通过一个月的学习，我在局里正科级岗位竞岗竞聘中表现出色：公众

讲话时淡定自如，自信从容，讲话很有条理，内容很具体很实在，针对性很强；现场答辩时候，按照老师的要求，按照"暖语开场 + 三段论 + 结尾"的讲话结构，给评委留下了深刻的印象，最终以总分第一的好成绩，赢得了这次竞岗的成功。

现在我走上了领导岗位，但是只要我有时间就会来百思学习，聆听胡老师的教诲。是胡老师给了我自信，给了我勇气，给了我成长的本事。祝老师保重身体，桃李满天下。

——珠海市政府科级干部公务员　赵灵山

我是搞技术的，搞技术我没问题。最怕两点：一是公众讲话，二是人际关系。这两点不足让我吃了很大苦头。我们公司每周有例会，围在一个大圆桌边举行，主要是做工作计划。每次我说的时候都不敢面对大家，恨不得钻地缝。我很想说得好点，可是越是想说好越是说不好。不单单是紧张，讲话更是没有条理，总是讲不到重点上，很尴尬、很难堪。特别是当领导打断我讲话的时候，同事们都投来异样的目光，我要经常面对他们的嘲笑、非议。我要改变，于是我上网搜索珠海有没有教人口才的培训班。我在网上搜索到了两三家，有珠海的也有深圳和广州的。经过比较，我选择了百思口才培训机构。原因很简单：就近方便，成立时间久，知名度高。结果证明我的选择是正确的，这里的胡老师是口才培训行业的最顶尖的口才教练。

非常感谢百思口才培训机构的胡老师对我的帮助：第一，因为从不敢讲话到从容自信讲话的改变。学习了百思的当众讲话课程以后，现在我讲话前，脑子首先过一遍，讲话有条理了，把重点讲出来，面对着领导，也能流利地表达。第二，因为来到百思机构以后，认识了好多朋友，每次练习不论好坏学员都会鼓掌进行鼓励。第三，因为我报了公众讲话培训班和人际交往培训班，不但跟胡老师学习了口才，还学习了很多为人处世的学问。第四，因为现在我讲话能力大大提升，人际关系大大改善，领导对我很赏识。如今我的职务提升了，薪水也涨了。如今，我还介绍了我的同事来百思学习。我特别感谢胡老师，感谢百思。

——某公司技术部主管工程师　欧阳明亮

我在一所中学任英语老师，我的问题倒不是紧张，最让我头疼的是授课现场氛围压抑。我讲话缺乏感染力和吸引力，学生不爱听，要么睡觉，要么搞小动作，整体成绩上不去，家长有意见，学校领导找我谈话。我很努力但得不到认可，精神快要崩溃了，我感到很无助。特别是开家长会时，更是紧张得不知说什么。

后来，我老公的朋友向我介绍了百思口才培训机构，从此我结识了胡老师，我从胡老师那学到了很有效的教学方法。现在，我把从老师那儿学到的好方法用到教学中去，收到了很好的效果：一是学生们特别爱听我讲课了。二是开家长会的时候我很淡定，侃侃而谈，谈笑风生，讲话很有条理，现场时时响起掌声。特别是最近学校搞比赛活动，校长点名让我做评委，要对每一位参赛老师做点评。我运用在百思学到的"黄金三点论"，表现很出色。谢谢老师，谢谢百思！

——珠海某中学英语教师　肖丽琼

我最怕每个月向我的老板和各位董事汇报财务报表，简直像过鬼门关，每次都是汇报完毕后直冒冷汗。特别要命的是，一紧张我就说错话，被老板当众批评，我几次都想离职。我是个能受累不能受气的人，工作中烦琐的事务我都能摆平，可就是当众讲话的能力很差，特别害怕大家的眼睛。

不知道有多少个不眠之夜，忧郁与我相伴。后来，我通过网络搜索到了百思口才培训，就像抓到了一根救命稻草。听了胡老师的公开课，我果断报名学习。老师说，来百思一百次就会有奇迹发生。我听话照做，坚持上课，从不落课，并坚持前三名来现场。

两个多月的学习，我发生了翻天覆地的变化，身边的同事都对我刮目

相看。一是我不但敢讲，更学会了如何会讲话；二是我把老师讲的方法和技巧运用到会议发言中，果然有了掌声，有了喝彩声。由于我的变化，我还收获了甜蜜的爱情。

——某私营公司财务主管　吴卫东

我读书不多，文化不高。我的企业中高学历、有文化的员工很多。以前跟我打拼的股东大都文化不高，我讲话从来不打憷。现在面对拥有现代知识的高学历人群，我每次开会的时候，都莫名其妙地紧张、恐惧。为此我咨询过一些心理咨询师，他们都给我出了很多主意和方法，但都无济于事。后来我让13岁的女儿在网上查查珠海有没有培训公众讲话的学校，很快就查到了百思口才培训。在体验课程时，才发现这里的胡老师很年轻，但学识很渊博，讲课非常专业，演讲水平很高。特别是下面的学员很多，这足以说明问题了。我一次报了初级班、中级班和人际交往班。

如今半年过去了，在胡老师和各位学员的鼓励下，我寻回了丢失已久的自信。特别是在我练习的时候，老师直指要害——我讲话不善于总结和归纳，能讲但不会讲，云山雾罩。如今我在讲话时先明确讲什么，再把我讲话内容总结归纳为几点。在高学历员工面前讲话，也能从容应对，谈笑风生，我讲话很有逻辑性和针对性。因为讲话水平的大大提高，我的员工都说我不可能是初中毕业。其实都是跟胡老师学习的结果。非常感谢胡老师，感谢百思口才培训机构！

——从事通信器材的某私营老板　顾耀明

由于工作性质的关系，我整天和客户打交道。酒桌上我酒量一般，更不知道怎么讲话，经常讲错话，讲错话就得多喝酒。为此在酒桌上怎么讲话、讲什么话，成为我最大的困扰。后来经朋友介绍，我来到了百思口才培训机构。经过学习，我懂得了什么是讲妥当话，什么是讲精彩话，什么是会讲话；更明白了讲话要因人而异的法则，要说服别人应该使用不同法则。

　　我最大的收获：一是酒桌上讲话的气势足了，二是讲话的条理性和针对性增强了，三是我讲话前学会了先动脑筋的好习惯了。

——某银行信贷负责人　朱贵东

　　由于我在公司做技术，讲话的机会并不多，只要完成领导交给的任务就可以了。我在公司做了3年多，技术没的说，领导想提拔我做技术小组组长，我又高兴又为难。高兴的是我终于也当官了，为难的是我沟通能力、讲话能力十分欠缺。后来只好作罢了。我感觉到，如果将来有发展就必须提高讲话能力。

　　后来我在网上找到了百思。听了一次体验课，觉得老师讲得很好。但又怕学不到东西被骗了，我犹豫了两个月，才决定报名。事实证明，我当初的想法是很可笑的。

　　我不但练好了口才，在领导面前、公众面前都能从容讲话了，而且进步很大，如今我已经是技术部的主管了。感谢我的恩师——百思胡老师！

——某大型合资公司技术部主管　严立德

　　我叫欧阳，现任珠海建行一名高管。我在百思跟胡老师学习公众讲话，已经快一年的时间了。在这一年的时间里，我在公众讲话方面发生了脱胎换骨的变化。这个变化大致可以分为三个阶段：

　　第一个阶段是敢说。以前不管是在生活上，还是工作当中，我都是一个不爱讲话的人。来百思上课的时候，我总是躲着不敢上台练习，可总是被胡老师点名去上台练习。后来经过一段时间大量的上台之后，我开始争着去上台，敢站在台上大胆地练习公众讲话了。

　　第二个阶段是能说。上高级班需要话题拓展和分享，每次来上高级班的时候，我总是会苦思冥想，我至少提前两天去琢磨到底讲什么话题才好呢。想了半天，可能也是在百思的课堂上，才勉强把一个话题初步想好。刚刚开始会很难，没讲几句话就下台去了。到了后面只要我愿意说，我就能滔滔不绝地一直讲下去，直到最后说得太多，占用别的学员练习的时间

太多了，才被胡老师"赶"下台去。

第三个阶段是说好。这也是我不断努力奋斗的方向。其实要谈说好呢，说起来简单，但是做起来却非常的困难。我对说好的理解就像是胡老师说的，我们不单单要能说，而且要能达到一个好的结果。这才是我们在百思跟胡老师学习公众讲话的最终目标，就是我们要取得好的成果！不管是在生活上，还是在工作中，只要不是哑巴，谁也能说话，但是为什么有的人讲话就是让别人愿意听，让别人愿意接受和愿意去帮助你。这里边的学问是很大的，当然也是我不断努力和追求的目标。

最后感谢胡老师长期以来的谆谆教诲！感谢各位学友长期以来的鼓励和陪伴！希望更多的有识之士来百思口才培训机构跟胡老师学习取经，学习公众讲话的秘籍，相信下一个奇迹就是您！

——珠海某建行高管　欧阳

生完小孩一直待在家里带小孩，和社会基本脱节了。整天除了孩子还是孩子，心情很郁闷。老公整天忙生意，加上他是个不太懂得主动关心人的人，一段时间以来我们总是吵架，我精神都快崩溃了。先生说我沟通能力太差，不会说话，甚至说我脑袋有病。难道真是我自己的问题吗？后来，我在百度上搜索到珠海有家叫百思的口才培训学校。我半信半疑地来到该机构，听了胡老师精彩的一堂课，茅塞顿开，决定报名参加学习。

老师教了我好多东西，比如如何经营好家庭，如何做个好妻子。有几次，老师还单独为我讲解会说话和家庭幸福的关系：一要学会主动关心对方，二要碰到问题首先反省自己，三要懂得要想得到首先付出的道理。

我学到了经营好家庭的"五字"秘诀，现在我和先生的关系融洽多了，生活也恢复了正常。看到我的变化，我先生也于上周报名参加了百思的学习。真要谢谢胡老师，谢谢百思！

——家庭主妇，生完小孩一直在家　孙桂英

我是中国澳门大学的学生，我叫黄义，是一个拙嘴笨腮的人，属于胡老师所说的"光干不说耍把式"的人。在此之前对演讲和沟通了解甚少，所以在公众讲话和人际关系方面非常欠缺。每当我公众讲话的时候，我就感到毫无头绪，全身冒冷汗，大脑一片空白，总是心有余而力不足的感觉。后来我在网上看到珠海百思公众讲话培训课程，决定来百思跟胡老师学习公众讲话。

第一天听胡老师的公众讲话的课程，我就感觉自己从中受益匪浅。胡老师讲的内容，都是我所欠缺并急需改进的相关素质。通过上老师的课，我主要有三方面的改变。

第一，外在形象的打造。通过肢体动作、眼神、语速等，打造我的专业范儿，在公众讲话的时候做到很专业。

第二，公众讲话的技巧、讲话结构和内容的全面提升。胡老师提出的"三性两化""黄金三点论"等技巧，令我受益匪浅。胡老师提出的通过几个字几个词几个公式，系统地讲解了公众讲话的技巧，让我收获颇多。

第三，讲话内容的核心即内容要有灵魂，对我的触动非常大。

老师善于鼓励，亲切和蔼，幽默、有热情，能够鼓舞人心，也更加坚定了我学习公众讲话的信心。

如今我已经毕业了，在参加面试的时候，表现得自信从容，表达很流畅，评委们对我很认可。我已经参加工作了，真是处处感受到了口才的巨大作用和公众表达的无穷魅力。

最后感谢胡老师长期以来的谆谆教诲，感谢各位学友长期以来的鼓励和陪伴！希望更多像我一样的大学生果断来百思学习，练就一流口才指日可待。

——澳门大学学生　黄义

关于更多的学员心得分享，请登录：http://www.chinakoucai.cn/xxgs.asp

后 记

百尺竿头，更进一步

非常感谢您对我们百思口才培训机构（http：//www.chinakoucai.cn）的支持，选择我们的《当众讲话你也行》，并能从头到尾坚持读完。相信您一定能从中受益，我也相信会有更多的人不断选择我们教程。三句话送给大家——

第一句：您是幸运的。

百思口才训练机构成立 15 年以来，培训的学员不计其数，他们来自全国各地，社会的各个阶层。他们带着问题来到百思，带着满意离开百思，带着感恩之心又回到百思。是什么让他们变化如此巨大，是什么让他们在外一展风采赢得了成功？是什么让百思口才训练这个民族品牌受到成千上万人的追捧？是什么奠定了百思口才训练在国内口才培训行业的领航者地位？很大程度上取决于您手中的这本书，因此你能选择这样一本权威的、专业的、富有成效的专业书籍是很幸运的。

第二句：您真了不起。

记得我在序言中给大家提了要求，您能按部就班、从头到尾、一步一个脚印地坚持把这部教程学完，没有足够的耐力和毅力是很难做到的。所以，我要说您真了不起。如果您觉得还要继续提高，有条件的话，我也欢迎大家参加百思口才训练机构面授班，也欢迎大家参加我们举办的周末班和晚班的学习。现场面对面提升效果，肯定大不一样。

第三句：您继续努力。

要真正把我书籍里面所讲的方法和技巧全面掌握，需要大家实践、实践再实践，练习、练习再练习。多练习，多应用，熟能生巧，功到自然成。学完了，要牢记"Immediate action"这个词：立即行动。

我期待着您将是我们百思口才机构的又一匹"黑马"。今天，您以百思为荣；明天，百思以您为荣。

胡成江

2015 年 9 月

百思口才训练全国连锁机构介绍

百思口才训练全国连锁机构是国内享有盛誉的、最具权威的演讲口才和当众讲话训练机构，由国内著名演讲专家、公众讲话训练导师胡成江先生于 2000 年创立，总部设在美丽的珠海，专门致力于口才与演讲、公众讲话训练、公众演说训练、高效沟通、谈判口才培训和人际交往与处世训练的专业训练机构。

经过近 15 年的推广和实践，经过市场严格和残酷的检验，本机构已形成了一整套专业的、系统的、科学的、有效的、独到的口才培训方法、演讲训练方法、激发个人潜能的训练方法，特别是公众讲话培训方法。该训练法被全国语言学、口才培训学界普遍认为是最适合中国人、中国国情的训练方法。截至目前，已经有近 10 万人接受了该培训。通过训练普遍做到了敢讲话、有话讲和讲得好。自信讲话，自信表达，自信演讲，自信面对生活中的各种困难，人生从此大大改变。

百思口才培训机构的课程由原来单一的当众讲话训练发展到现在的自信训练、做人处世系列（做人与成就和人际交往与处世）课程、人际沟通系列课程、中层经理人系列课程、商界领袖公众讲话训练课程、主持人培训课程、培训讲师培训课程和单独辅导（演讲、面试、金领人士公众讲话专业辅导）系列、青少年假期（寒、暑假期）自信口才培训等完整的课程体系。特别是"高效沟通的智慧""超级说服力""绝对成交""总裁经营谋略"等课程深受欢迎。

成千上万名来自珠海、中山、江门、茂名、湛江、澳门、香港和内地的学员参加了口才培训，包括公务员、企业中高层管理人员，大学生、教师、培训师、销售人员等。政府机关（包括珠海市检察院、香洲区检察院、珠海万山区政府）、企业单位（市工商银行、中国电信、中国移动、中国石油、格力电器、伟创力等企业、伟创力和金山软件等上百家企业）等机构，均邀请我机构首席讲师胡成江老师做专题讲座。党政机关领导邀请胡老师为自己的公众讲话专家顾问和沟通与服务的顾问。

百思口才培训机构的办学受到政府、社会和各大媒体的广泛关注。2005年，珠海电视台以"会讲话才是生产力"为题对百思口才培训机构进行专题报道，在中央电视台、广东卫视、中山电视台等各个电视台相继转播；2013年，广东卫视对百思口才进行专题报道；《南方都市报》《广州日报》《珠海特区报》《珠江晚报》相继大篇幅报道了珠海百思口才培训机构的办学经验和先进事迹；各大知名门户网站，如新浪、搜狐、网易、腾讯、凤凰网、人民网也纷纷报道。

新的时代，百思口才培训机构以"培养德才兼备，志向远大，具备强烈社会使命感的人才"为目标，沿着更专业、更规范的康庄大道奋勇前进。

百思口才培训机构课程介绍

● **金牌课程**
....

　　自信口才·公众讲话训练——初级班；

　　公众讲话与魅力沟通的智慧——中级班；

　　魅力口才与公众讲话的高超智慧——高级班；

　　少年领袖自信演讲特训营——每周六晚上课；

　　商界领袖招商演说的智慧（两天一夜，每月一期，针对高端人群）。

● **特色课程**
....

　　职场潜规则——揭秘中高层管理人员打拼的黄金法则；

　　五星级人际关系——人际关系成败的铁律；

　　绝对成交——揭示高效成交的超级秘籍；

　　超级说服力——最富智慧含量的课程；

　　EQ（情商）与人际沟通特训营（每周六下午2：30开课）。

● **单独辅导**
....

　　社会精英高端公众讲话单独辅导；

　　公务员面试辅导；

　　领导干部竞岗竞聘专业辅导；

　　演讲比赛专业辅导；

　　培训讲师专业辅导；

　　主持人专业辅导。

● **企业内训**
....

　　公众讲话、公众表达类；

　　商务礼仪、与客户沟通类；

　　谈判和营销类。

百思风采

百思学员风采

百思学员风采

百思学员风采

胡老师与百思历届学员亲切合影

不论您是商界领袖、军事奇才、社会名流，还是打工皇帝、企业高管、商务白领——

总有些场合，您会心跳加速、面红耳赤、词不达意、大脑一片空白；

总有些时机，您会不知怎么讲话，**不知讲什么，力不从心**；

总有些场合，您会讲话不得体，不恰当而难以得到认可；

总有些时候，您讲话不着重点，缺乏**概括性和条理性**，让人费解。

难道您不想在公众面前讲话不紧张、不忘词、不卡壳，并自信从容地表达吗？

难道您不想在工作汇报、会议发言和向领导汇报时淡定自如、侃侃而谈吗？

难道您不想在竞岗面试中，发表富有感染力的演讲征服评委吗？

难道您不想快速掌握公众讲话的高级技巧，在各种场合讲话时赢得众人的掌声和拥戴吗？

难道您不想快速提升沟通力、说服力和表达力，让自己具备领袖特质吗？

难道您不想快速提升在成千上万人面前演讲时的控场能力吗？

难道您不想快速掌握几个公式便可以在各种场合运用自如吗？

难道您不想在任何场合都能发表富有感染力、吸引力和说服力的讲话吗？

难道您不想让自己每次讲话都会产生好的效果，成就他人、快乐自己吗？

难道您不想让自己在任何场合都讲对话、做对事、选对人，从而成就一番事业吗？

如果是的话，恭喜您来对地方了！

百思口才训练机构 15 年来专注公众讲话、演讲口才培训。胡成江老师被誉为国内演讲口才培训行业的顶尖权威和一流的公众讲话训练专家。3500 场以上的公众演讲经历，成千上万来自全国各地的学员见证着百思的神奇，每一个方法和技巧都能一用就灵，招招制胜。如果您能耐心看完本书，相信您对口才的认识一定会更加深入，对自己快速提升沟通力、表达力和说服力，特别是公众演说能力更加充满信心。

殊不知，蹩脚的当众讲话能力，

粉碎了多少人的梦想！

殊不知，一流的当众讲话能力，

成就了多少人的梦想！

谁拥有一流的当众讲话能力，

谁就能快速跻身成功者的行列！

你愿意吗？

坚信你可以练就一流的公众讲话能力；

坚信你可以轻松地、愉快地练就一流的当众讲话能力，

当众讲话，你也行！

相信自己，超越自己，你就是下一个奇迹！